# 마지막 부의 공식

**MAIN STREET MILLIONAIRE**

ⓒ Codie Ventures, LLC 2024
All Rights Reserved.

Korean translation ⓒ 2025 by Will Books Publishing Co.
Korean translation rights arranged with CLAIRE ROBERTS GLOBAL LITERARY MANAGEMENT through EYA Co.,Ltd

이 책의 한국어판 저작권은 EYA Co.,Ltd를 통해 CLAIRE ROBERTS GLOBAL LITERARY MANAGEMENT와 독점 계약한 윌북에 있습니다.
저작권법에 의하여 한국 내에서 보호를 받는 저작물이므로
무단 전재와 복제를 금합니다.

# 마지막 부의 공식
주식·부동산·코인 너머의 전략

코디 산체스 지음
이민희 옮김

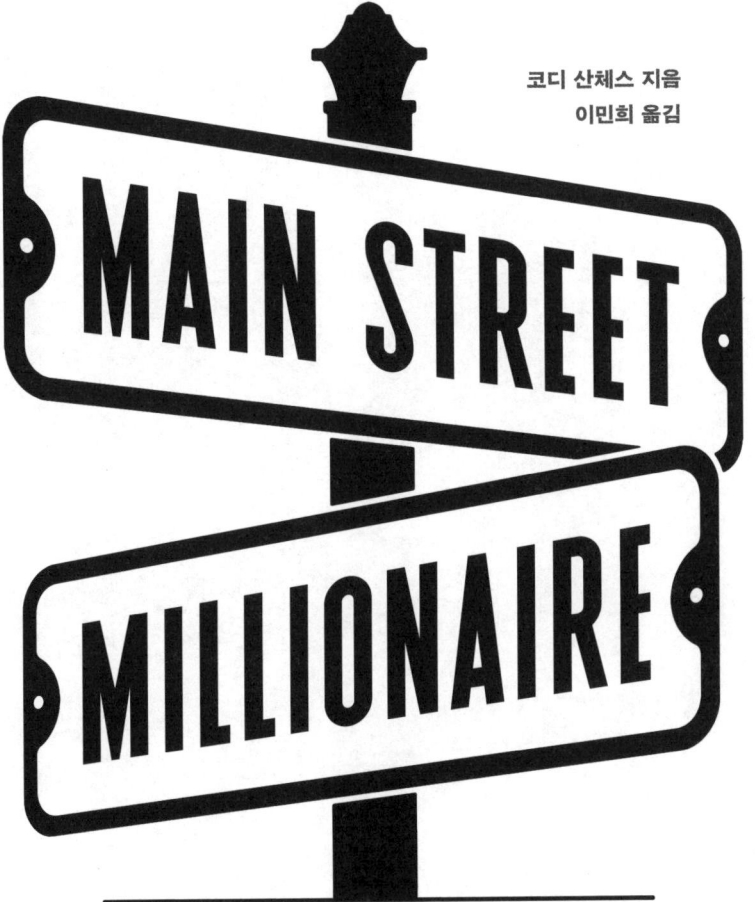

부는 500미터 안에 있다

월북

건설가인 당신께 이 책을 바칩니다.
지금 우리가 살아가는 세상은 기업가들이 만들었고,
기업가의 길을 택하는 사람은 극소수입니다.
대다수가 하지 않는 일을 선택해줘서 고맙습니다.
당신이 없었다면 이 책은 그저 소음에 불과했을 겁니다.
모든 성공한 기업가 뒤에는
형편없는 전 상사가 있기 마련입니다.
여러분이 한때 미워했던 바로
그 사람에게도 이 책을 바칩니다.
고마워요, 당신의 의심이 우리의 연료가 되었으니까요.

―코디 산체스

**차례**

들어가며: 부의 기회는 아주 가까운 곳에 있다     11

## STEP 1

# 조사하라

1장   나를 위한 단 하나의 비즈니스     37
2장   숨어 있는 기회를 어떻게 찾을 것인가     67
3장   정확한 평가가 모든 것을 결정한다     88

## STEP 2

# 투자하라

4장   자본이 없는 사람이 오히려 유리한 이유     113
5장   돈이 되는 거래는 준비부터 다르다     134
6장   협상의 승패를 결정하는 열쇠를 얻는 법     149

## STEP 3

# 지휘하라

| 7장 | 내가 일하지 않아도 사업은 굴러가야 한다 | 163 |
| 8장 | 진짜 내 사업으로 만들기 위한 현실적인 계획 | 192 |
| 9장 | 아무리 작은 사업일지라도 시스템은 필요하다 | 200 |
| 10장 | 생산성에 불을 붙이는 3가지 연료 | 207 |

## STEP 4

# 장악하라

| 11장 | 미래를 결정하는 첫 1년 수익 10배로 불리기 | 221 |
| 12장 | 단순하고 간단하게 설계하면 보이는 것들 | 234 |
| 13장 | 힘들이지 않고 자동 수익을 만드는 성장 공식 | 246 |
| 14장 | 새로운 삶을 위한 출구 찾기 | 257 |

**마치며**: 자신을 과소평가하지 말라     275

**추천의 글**

새로운 삶을 시작하기로 마음먹었다면 반드시 읽어야 할 책입니다. 겉으로 보기에 평범한 동네 가게, 허름한 빨래방 사장님에서 시작해 미국 최고의 경제 멘토로 자리 잡은 코디 산체스의 여정은 그 자체로 놀라운 영감이 됩니다.

그러나 이 책이 특별한 이유는 단순한 성공담을 넘어, 우리가 쉽게 지나치는 일상 속 기회와 소규모 비즈니스의 가치를 '부의 비밀 지도'처럼 보여주기 때문입니다. 저 역시 오랜 시간 사업을 해오며 느낀 것은, 부자는 멀리 있는 존재가 아니라는 사실입니다. 작은 습관, 작은 선택이 결국 인생을 바꾸는 힘이 됩니다.

『마지막 부의 공식』은 독자에게 '나도 할 수 있다'는 자신감을 심어주고, 현실 속에서 바로 실천할 수 있는 구체적 길잡이가 되어줄 것입니다. 부자 되기를 꿈꾸는 모든 분께, 저는 이 책을 자신 있게 추천합니다.

—함서경(청담캔디언니)
유튜브 '청담캔디언니' 운영자, 『부의 인사이트』 저자

　우리가 그동안 놓치고 있던 새로운 부의 경로를 명확하게 보여준다. 눈에 잘 띄지 않지만 안정적인 현금흐름을 만들어내는, 언제든 실행가능한 방법이 이 책에 담겨 있다. 화려한 스타트업 신화가 아닌, 초기 부담 없이 소유주의 길로 직행하고 싶은 평범한 모든 이들에게 추천한다.

　대한민국에서 경제적 자유를 꿈꾸는 독자들에게 이 책은 단순한 자기계발서 그 이상이 될 것이다. 자본이 없어도 부의 여정을 시작할 수 있다는 강력한 증거이자 실천의 용기를 불어넣는 누구에게나 필요한 현실적인 지침서다.

―강연옥(플팩)
유튜브 '플팩의 대출력' 운영자, 『플팩의 상급지로 가는 대출력』 저자

일러두기
본문에 표기된 원화 금액은 원서의 미국 달러를 1달러당 1400원의 기준 환율로 계산하여 금액에 따라 적절한 단위에서 반올림한 값입니다.

### 들어가며

# 부의 기회는
# 아주 가까운 곳에 있다

한 사람의 인생이 이전과 완전히 달라지려면 어떤 깨달음이 필요할까? 여기, 이민자였던 아버지의 폭력 속에서 혼란스런 어린 시절을 보낸 청년이 한 명 있다. 청년은 가난한 대학 중퇴자였고, 변변찮은 일자리를 찾지 못해 방황하며 가난에 허덕였다. 친구들이 대학을 졸업하고 번듯한 직장을 얻을 때 그는 6개월간의 짧은 군 복무를 마치고 쓰레기 수거차 운전대를 잡아야 했다. 그를 현장에서 본 옛 친구는 나중에 이렇게 회상했다. "걔가 일하는 걸 본 적이 있는데, 정신이 번쩍 들었죠. 저 나이에 벌써 쓰레기차를 몰다니? 세상이 녹록지 않구나 싶었어요."

그러나 그 친구가 정신이 번쩍 들 만한 일은 여기서 멈추지 않았다. 어린 나이에 쓰레기차 운전대를 잡았던 이 청년은 훗날 세계 최대의 폐기물 처리 대기업과 비디오·DVD 대여 체인, 자동차 판매 업체를 소유하며 억만장자가 된다. 프로 스포츠 리그에 3개의 구단을 동시에 소유한 구단주이기도 했다. 그의 이름을 검색하면 '창립자', '제국 건설자' 같은 수식어가 따라붙는다. 이 청년이 바로 미국 비즈니스 역사상 최초로 《포천》 500대 기업 가운데 3개를 가진 기업가 웨인 후이젠가Wayne Huizenga다.

그렇다면 웨인 후이젠가는 배경도, 인맥도, 자본도, 대학 졸업장도 없이 어떻게 억만장자가 되었을까? 차고에 틀어박혀 혁신적인 아이디어를 구상했을까? 아니다. 그는 쓰레기 수거 서비스를 직접 발로 뛰며 판매했고, 자기 회사 사장인 윌버 포터를 유심히 지켜보며 배웠다. 포터는 지역 최초의 성공적인 폐기물 처리 업체의 운영자였다. 웨인은 성공한 창업가를 본받으면 언젠가 자신도 그렇게 될 수 있다고 믿었다.

그러던 어느 날, 깨달음이 찾아왔다. '이미 잘 굴러가는 회사를 사면 되는 거 아닌가?' 웨인은 몇 달 동안 포터를 설득했고, 결국 1962년 사업 일부를 자산 매각 방식으로 넘겨받았다. 그가 얻은 것은 트럭 한 대와 몇 안 되는 고객 명단뿐이었다. 그러나 1969년, 그의 사업은 포터의 회사를 압도할 만큼 성장했고, 이후 동업자들을 영입해 지역을 넓혀 여러 사업권과 회사를 사들였다. 그의 성공은 거기서 멈추지 않았다. 1972년, 그는 9개월 만에 미국 전역에서 무려 90개 폐기물 처리 회사를 인수했다.

그 시절을 보내며 웨인은 3가지 교훈을 얻었다. 첫째, 큰돈을 벌기 위해 꼭 대학 학위가 필요한 건 아니다. 둘째, 작고 평범한 사업을 인수해도 놀라운 수익을 낼 수 있다.

셋째는? 바로 '창의적 자금 조달Creative Financing'의 힘이었다. 한때 빈털터리에 신용도 없던 그는 바로 이 전략 덕분에 억만장자가 될 수 있었다. 폐기물 처리 대기업을 창립하진 않았지만, 결국 그 대기업을 소유하게 된 것도 바로 이 방식 덕분이었다. 역사에는 늘 승자의 이름만 기록된다.

그렇다면 왜 우리 주변에는 웨인 후이젠가 같은 사람이 드물까? 그 이유는 단순하다. 우리는 오랫동안 '부자가 되는 법'에 대해 잘못된 이야기만을 들어왔기 때문이다. 이제는 그 눈가리개를 벗어야 한다.

이 책은 우리 주변의 평범한 사업체들에서 경제적 자유의 기회를 발견하는 법을 다룬다. 수익성 높은 거래의 전문가인 내가 단언컨대, 성공을 위해 거창한 스타트업이나 획기적인 제품이 필요한 건 아니다. 오히려 그런 데서 돈을 잃는 경우가 많다. 대신 이 책은 현금흐름이 안정적인 동네 사업체를 인수하고, 그 수익을 바탕으로 삶을 주도하는 전략이 얼마나 강력하면서도 저평가된 부의 전략인지 보여줄 것이다.

이제부터 당신의 손을 잡고 그 길을 안내할 것이다. 하지만 진실을 말하기에 앞서, 우리가 지금껏 믿어온 거짓말부터 짚고 넘어가자.

## 당신을 가난하게 만드는
## 시스템에서 벗어나는 법

이런 생각을 해본 적이 있는가? '난 평생 큰돈을 벌 수 없을 거야. 아무리 일해도 재정적 압박에서 벗어날 수는 없겠지. 경제적 자유는 나와는 관련 없는 먼 이야기야.'

그렇다면 당신은 혼자가 아니다. 이 순간에도 전 세계 수십억 명이 비슷한 현실에 갇혀 있다. 생활비는 빠듯하고, 은퇴는 요원하다. 하지만 이건 개인의 문제가 아니다. 우리를 가난하게 만들도록 설계된 시스템의 문제다.

우리는 돈 버는 법을 제대로 배우지 못했다. 십수 년 동안 돈과 상관 없는 공교육을 받은 뒤, 대학에 진학해 졸업장을 얻는 대가로 빚을 안은 채 사회생활을 시작한다. 그 종이 한 장 없으면 성공할 수 없다고들 하니까. 실무 경험을 쌓고 싶어도 전공과 연계되지 않으면 인턴십 기회조차 주어지지 않는다.

졸업 후, 우리는 학위가 생계와 연결되지 않는다는 사실을 곧 깨닫는다. 학자금 대출을 갚기도 힘겨운 저임금 일자리를 두고 서로 경쟁한다. 능력 있는 사람들마저 연봉은 높지만 지루하기 그지없는 컨설팅이나 투자금융 업체를 찾거나, 스타트업이라는 이름 아래 또 다른 빚을 진 채 도박 같은 삶에 뛰어든다. 그러다 보면 황금 족쇄golden handcuffs(높은 연봉과 복지 때문에 회사를 떠나지 못하는 현실—옮긴이)라는 말이 실감 나기 시작한다.

많은 이가 이 게임이 잘못되었음을 느낀다. 집은 살 수 없고,

일은 고되고, 빚은 늘어만 간다. 그래도 쳇바퀴를 멈출 수 없다. 당장 갚아야 할 돈이 있고, 멈추면 그 대가를 치러야 하니까. 그래서 지금의 직장을 붙잡고 해마다 연봉 인상을 요구하며 다른 회사를 기웃거린다. 그런데 정작 이 게임판을 벗어나려 하면 '끈기가 없다'거나 '마음이 떴다'는 비난이 날아온다.

형편없는 게임을 하면 형편없는 보상을 얻는다. 다행히 이제 많은 사람이 눈을 뜨는 중이다. 수백만 명이 위험을 감수하고 직장을 떠나 프리랜서에 도전한다. Z세대의 절반이 프리랜서일 정도다. 자신의 자율성과 성장 가능성, 가치관에 부합하는 일을 원하기 때문이다. 하지만 여기에도 맹점이 있다. 프리랜서로 부자가 되기는 어렵다. 똑똑한 사람들도 그 사실을 간과한다. 부자들이 따르는 간단한 원칙이 있다. 이 원칙은 항상 돈에 쪼들리는 사람과 부자를 가르는 경계선이다. 나 역시 금융업계에서 10년이라는 시간을 보낸 뒤에야 이 원칙을 깨달았다. 당신은 이 책을 읽고 단 몇 시간 안에 이해할 수 있다. 진실은 다음과 같다.

월급으로는 절대 경제적 자유를 이룰 수 없다. 진정한 자유는 '소유', 정확히 말하면 제대로 된 방식으로 얻은 지분이 있어야 가능하다.

우리는 '비소유'의 삶에 길들여졌다. 좋은 직장에 다니는 것이 곧 안정된 삶이라는 환상에 익숙해졌다. 하지만 그건 거짓이다. 시간과 돈을 맞바꾸는 구조 안에서는 절대 자유로울 수 없다. 워런 버핏도 말했다. "잠자는 동안에도 돈이 들어오는 방법을 찾지 못하면, 죽을 때까지 일하게 될 것이다."

다행히 우리에겐 탈출구가 있다. 획기적인 아이디어나 부동산·암호화폐 투자가 아니더라도, 웨인 후이젠가처럼 전략적인 선택으로 '소유자'가 될 수 있다. 일단 소유의 자유를 맛보면, 다시는 예전으로 돌아갈 수 없을 것이다.

놀랍게도 이 여정을 시작하는 데에 돈 한 푼 들지 않을 수도 있다.

이 책이 전하고자 하는 핵심은 명확하다. 이미 자리를 잡고 현금흐름이 안정적인 사업체를 인수하는 것. 이것이야말로 가장 과소평가된 부의 경로다. 제대로만 실행하고 진심으로 노력할 의지만 있다면, 지금 다니는 직장을 그만둘 만큼 충분한 돈을 벌 수 있다. 나아가 다른 사람을 고용해 사업을 운영하게 하고, 사업체의 주인으로서 월급을 받으면서도 온종일 일에 매이지 않는 삶을 살 수 있다.

집을 살 때처럼 거대한 초기 자본이 필요하지도 않다. 생각보다 많은 사업주가 놀랄 만큼 적은 금액에 회사를 넘기고 싶어 한다. 단, 게임의 룰을 이해해야 한다. 그들이 원하는 것은 보통 다음의 3가지다.

❶ 깔끔한 출구 전략과 은퇴 기회
❷ 자신이 일군 사업이 계속 유지된다는 확신
❸ 향후 수익의 일부를 나눠 가질 권리

다소 비현실적으로 들릴 수 있다. 하지만 이는 평범한 사람도 부자가 될 수 있는 검증된 전략이다. 물론 아무나 할 수 있는 일은 아니다. 이 길은 소비자가 아닌 '건설자'가 되기로 각오한 사람만이 선택할 수 있다. 나 역시 이 길을 걸어왔다. 지금까지 100번도 넘게 같은 방식으로 사업을 인수했고, 덕분에 '빨래방 사들이는 여자'라는 별명도 얻었다. 썩 좋아하는 별명은 아니지만, 더 나쁜 말도 들어봤으니 괜찮다.

나는 '평범한' 사람 수천 명이 이 여정을 시작하도록 도왔다. 평범한 직장을 그만둔 후 연 매출 수억 원을 내는 반려동물 미용 업체를 운영하는 사람이 있는가 하면, 배관 업체와 자물쇠 수리 업체를 인수한 후 수백억 원 규모의 지주회사의 CEO가 된 사람도 있다. 의료기기 영업사원으로 일하다 서비스 업체를 인수해 백만장자가 된 사람까지, 사례는 끝도 없다.

모두 '동네의 작은 거리에서 부를 찾은' 사람들이다.

이들이 인수한 사업은 단기성 유행 상품이 아니다. 수십 년간 지역사회에 가치를 제공해온 생활 필수 업종이다. 고객 수백 명과 탄탄한 수익 구조를 기반으로, 사업주에게 넉넉한 소득과 삶의 주도권을 동시에 안겨준다.

물론 두려울 수 있다. 하지만 어쩌면 그 두려움이야말로 이 길이 도전할 가치가 있다는 신호일지 모른다. 소모되는 삶이 아닌, 소유하는 삶을 꿈꾸는가? 낡고 부조리한 시스템에서 벗어나고 싶은가? 그렇다면 당신을 자유롭게 할 거리의 사업을 찾자.

> 흔히들 '드라이크리닝'을 비웃지만,
> 우리는 그걸로 엄청난 돈을 벌고 있습니다.
> _제임스 보웬

이 책에서 말하는 '거리의 사업 main street business'이란, 보통 개인이나 부부가 운영하는 소규모 지역기반 사업체를 의미한다. 고도의 기술력이나 지식재산 없이도, 일상에 꼭 필요한 제품이나 서비스를 제공하는 경우가 대부분이다. 예를 들면 세차장, 빨래방, 자판기, 공유창고, 수리점, 포장·배송 대행, 이동식 화장실 대여, 조경, 전기 공사, 회계, 카펫 청소, 타일 및 줄눈 시공, 배관 시공, 반려동물 미용, 냉난방 설치업 등이 있다. 겉보기엔 평범하고 소박하지만, 수익성은 확실한 알짜배기 업종이다.

나는 이런 비즈니스를 '지루한 사업 boring business'이라 부른다. 화려하거나 눈길을 끄는 요소가 없기 때문이다. 이런 사업의 소유주가 잡지 표지를 장식하거나 방송에 나오는 일은 드물다. 그 대신 그들은 조용히 부자가 된다. 지역 경제를 지탱하며 소리소문 없이 부를 쌓는다. 이런 사업은 안정적이고 현금흐름이 좋지만 정작 창업을 고민하는 사람들의 레이더에는 잘 잡히지 않는다. 나는 이 책을 통해 그런 사람들의 인식을 바꾸고자 한다.

오해하지 말자. 지루한 사업이 지루한 삶을 뜻하는 것은 아니다. 단순한 구조, 충성도 높은 고객, 꾸준한 수익을 갖춘 데다 가족과의 시간을 보장하고 삶의 질까지 높여주는 사업이야말로 진짜 좋은 사업이다.

실제로 내가 지금까지 소유하거나 투자한 곳 대부분은 이런 평범한 사업체다. 평범한 대신 오랫동안 자리를 지켜왔고, 경제 위기 속에서도 견고하게 살아남아 수익을 창출해왔다. 물론 일시적인 침체를 겪을 때도 있다. 하지만 단기 유행을 타고 폭등하다 곤두박질치는 사업과는 완전히 다르다.

이러한 강인함은 린디 효과Lindy effect로 설명할 수 있다. 린디 효과란 오래 존재해온 것은 앞으로도 오래 존재할 가능성이 크다는 개념이다. 나심 탈레브는 『안티프래질』에서 이렇게 설명했다.

> 어떤 책이 40년 동안 절판되지 않고 살아남았다면, 앞으로도 40년은 더 살아남을 가능성이 크다. 그리고 그 책이 앞으로 10년을 더 버틴다면, 기대 수명은 또 50년 늘어난다.

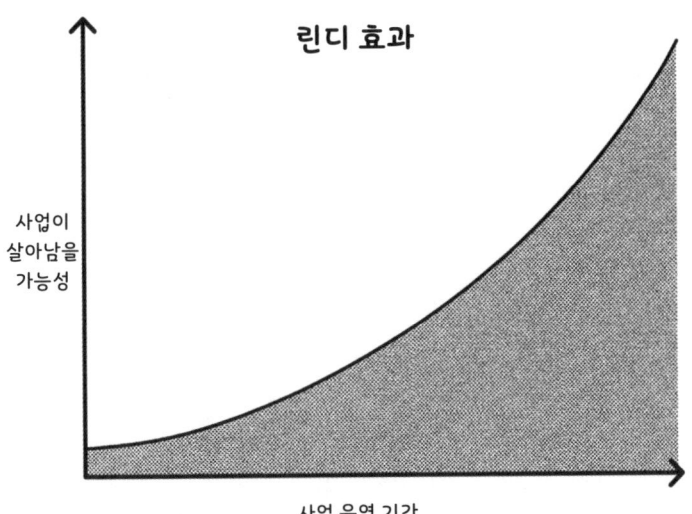

즉, 어떤 것이 시간의 시험을 견뎌냈다면, 쇠퇴하지 않고 오히려 더 강해진다는 뜻이다. 사라지지 않고 해를 넘길 때마다 생존 확률과 기대 수명은 배가 된다.

나는 이 린디 효과를 사업 실패를 피하는 기준으로 삼는데, 놀랍도록 효과적이다. 그런데도 오늘날 창업 세계에서 린디 효과는 거의 주목받지 못한다.

창업자 대부분이 '빠른 성장'에만 집착하기 때문이다. 결국 많은 사업이 속절없이 무너지고, 창업자들은 그 실패조차 마치 무용담인 양 늘어놓는다.

하지만 곰곰이 생각해보자. 베이비붐 세대가 소유한 사업체 중 35퍼센트는 10년 이상 운영되어왔고, 그중 80퍼센트가 안정적인 수익을 내며 충성도 높은 고객층을 유지하고 있다. 이들의 성공이 앞으로 얼마나 더 지속될 수 있을까? 린디 효과는 그 답을 알고 있다.

이것이야말로 거리에 숨은 부자들은 알고 있지만 창업자들은 모르는 비밀이다. 안정적인 현금흐름은 화려한 스타트업이나 유행하는 맛집에서 나오지 않는다. 오히려 우리 동네에서 조용히 운영되고 있는 소규모 사업체에서 나온다. 바로 그곳이 수십억 가치의 부가 만들어지는 진짜 현장이다.

## 이 책을 통해 얻게 될 것들

여기 묵직한 질문이 하나 있다. 수십 년간 일해서 10억을 버는 대신, 지금 당장 1년에 10억을 벌어들이는 사업체를 인수할 수는 없을까?

『마지막 부의 공식』은 바로 그 질문에 답한다. 이 책은 R.I.C.H.라는 간단하고 강력한 4단계 공식을 통해, 누구나 경제적 자유를 얻을 수 있는 길목으로 안내한다.

**RESEARCH**: 나에게 맞는 사업을 찾는 단계다. 자신의 강점, 선호, 감당 가능한 리스크, 수익 목표 등을 명확히 정한 다음, 매각 의사가 있는 사업자를 찾는 법,
그들과 대화하는 법, 인수 가치를 평가하는 기준을
체계적으로 배워보자.

**INVEST**: 적은 자본 또는 창의적 자금 조달을 활용한 인수 전략을 소개하겠다. 비공식 거래 제안부터 실사, 협상, 계약 체결까지 사업체 인수의 모든 과정을 다루며,
지난 10년간 수십억 원을 절약한 나의 협상 노하우를
아낌없이 공개한다.

**COMMAND**: '사서 고생'하지 않기 위한
구체적인 운영 전략, 팀 구성, 인수 후 90일간의 실행 계획, 성과 개선 문화, 단순하지만 효과적인 마케팅 자동화
시스템까지 소개한다.

**HARNESS**: 정신 건강을 지키며 사업을 자동화하는 단계를 제시하겠다. 성과 관리 도구, 신규 수익원 추가, 다음 인수 또는 매각 준비 과정까지 상세히 설명한다.

### 조사 Research
- 나에게 딱 맞는 사업 찾기
- 나에게 딱 맞는 매도자 찾기

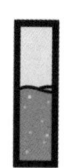
### 투자 Invest
- 자금 마련하기
- 실상 파악하기
- 유리하게 협상하기

### 지휘 Command
- 위험 요소 피하기
- 팀 구성하기
- 사업 운영하기

### 장악 Harness
- 사업 확장하기
- 수익원 추가하기

이 4단계 공식이 내가 찾은 가장 실용적이고 빠른 경제적 자유의 길이다. 거창한 아이디어도, 막대한 자본도 필요 없다. 기존 월급을 대체하는 것은 물론 완전한 자유까지 얻을 수 있다. 수많은 사람이 이 방식으로 성공했다. 이제는 당신 차례다.

## 거리의 부자가 된다는 것의 현실

대부분의 사업 관련 책들은 환상을 심어준다. 하지만 우리 아버지는 이렇게 말했다. "그냥 진실을 말해라. 그게 기억하기도 쉽다." 그래서 말하겠다. 이 여정은 쉽지 않다. 이 책이 말하는 길은 험난하다. 사업의 성패는 업종, 지식, 재능이 각각 10퍼센트를 결정하고, 의지가 70퍼센트를 결정한다. 끈기가 전부를 가능케 한다.

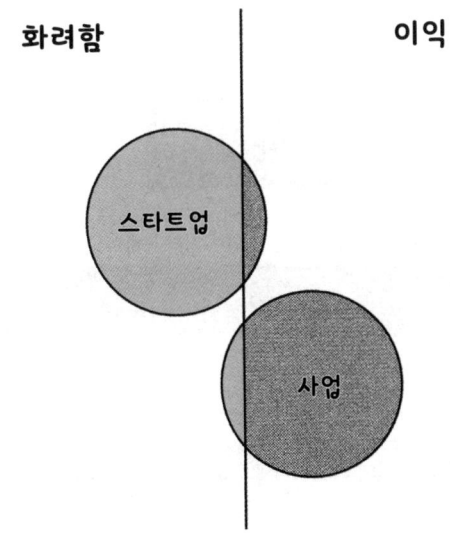

당신은 다음과 같은 현실을 마주하게 될 것이다.

멋져 보이지 않을 것이다. 요즘 유행하는 드랍시핑dropshipping (판매자가 상품을 직접 재고로 가지고 있지 않고, 구매자의 주문이 들어오면 공급업체에서 직접 구매자에게 배송하는 방식—옮긴이)도, 암호화폐도, 스타트업도 아니다. 혁신적인 제품도 없고, 《포브스》 표지에 실릴 일도 없다. 메타버스에서 사업을 하고 싶다면, 이 책은 도움이 되지 않는다. 왜냐하면 그런 모델은 매출 0원에서 시작하기 때문이다.

이 길은 다르다. 시작부터 현금이 들어오고, 안정적인 수익을 가져다준다. 인생을 도박처럼 걸 필요도, 노후까지 기다릴 필요도 없다. 겉으로는 평범해 보여도, 조용히 부자가 될 수 있는 길이다. 판단은 당신에게 맡기겠다.

### 3-9-12 사업 인수 코스

3개월 동안 학습

9개월 동안 첫 인수 거래 성사

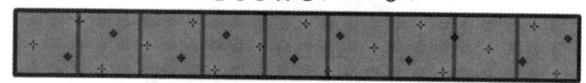

12개월 동안 사업 안정화

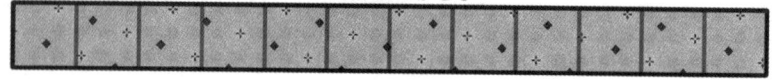

성공은 시간이 걸린다. 3-9-12 코스를 추천한다. 3개월 동안 배우고, 9개월 동안 첫 인수를 성사하고, 12개월 동안 사업을 안정화한다. 총 2년으로, MBA를 마치는 데 걸리는 시간과 비슷하다. 인내가 전략이며, 그 안에 수익이 있다. "당신의 투자 방식이 그렇게 간단하다면 왜 모두가 따라 하지 않나요?"라는 질문에 워런 버핏은 이렇게 답했다. "사람들은 천천히 부자가 되는 것을 원하지 않기 때문이죠."

수익은 저절로 발생하지 않는다. 이 길은 의미와 성취감을 원하는 사람을 위한 것이다. 불로소득으로 해변에서 칵테일이나 마시고 싶은 사람에겐 맞지 않는다(그렇게 살다간 당뇨 걸리기에 십상이다). 사업을 소유하면 손을 놓을 수 없다. 세차장이든, 빨래방이든, 쓰레기 수거 업체든, 청소 업체든, 모든 일에 손이 간다. 직원, 공급 업체, 고객, 외주 파트너를 관리해야 하고, 행정, 마케팅, 영업도 책임져야 한다. 결코 가벼운 일이 아니며, 강단 있는 사람만이 해낼 수 있다.

쉽지 않을 것이다. 나는 이 여정에서 거짓말, 도둑질, 조롱, 비방, 피소까지 겪었다. 해고한 직원이 복수하러 돌아올까 봐 두려움에 떨었던 적도 있다. 쉽게 포기할 것 같다면 지금이라도 이 책을 덮길 권한다. 진심이다. 시간을 아껴라. 모든 사람이 리더가 될 수 있는 건 아니다. 대다수가 사업에 뛰어들기보다 안정적인 직장을 택하는 데는 이유가 있다. 책임과 위험을 남에게 맡기는 게 훨씬 편하니까. 하지만 월급은 중독이고, 직장은 황금 족쇄다.

사업을 소유하는 건 쉽지 않다. 책임을 지고, 거짓과 비방을 감내해야 한다. 하지만 직장 생활이라고 마냥 편한가? 저임금, 승진 누락, 반복되는 일상, 꼴보기 싫은 상사를 견뎌야 한다. 스타트업은 더 힘들다. 자금난과 수면 부족에 시달리고, 투자자들 눈치도 봐야 한다. 어느 쪽이든 어렵다. 어떤 어려움을 택할지는 자신에게 달렸다. 나는 언제나 자유를 향한 길을 택할 것이다. 거리의 부자가 되는 길에도 위험은 따르지만, 제대로만 하면 생각보다 훨씬 안전하다.

결론은 단순하다. 이 길을 택했다면, 완전히 헌신하라. 분명 힘든 시기가 올 것이다. 하지만 당신이 나와 같은 부류의 사람이라면, 부자들이 오래전 깨달은 진실을 이해할 수 있을 것이다. 고생 끝에 낙은 정말 온다.

지금부터 내가 밟아온 여정을 처음부터 들려주겠다. 거의 10년 전, 나는 인생 처음으로 빨래방을 샀다. 재정적 자유를 향한 첫걸음이었다. 하지만 자유는커녕 불안만 가득했다. 뻑뻑한 문을 어깨로 겨우 밀고 들어가, 깊이 숨을 들이쉬었다. 세제 냄새와… 곰팡내. 낡은 천장 타일, 윙윙거리는 형광등, 반짝이는 세탁기들.

그 순간 불안이 밀려왔다. '내가 대체 무슨 짓을 한 거지? 직장에서 잘리면 어쩌려고? 이건 미친 짓이야. 다들 날 비웃을 거야. 세탁기에 대해서 아는 것도 없잖아. 빨래도 겨우 하는 주제에. 갑자기 빨래방 사장?!' 이런 생각들을 애써 떨쳐냈다. 좋든 싫든, 모든 게 바뀌려는 참이었다.

첫해 수익은 작았다. 다니던 회사를 그만둘 수 있을 만큼은 아니었지만, 그래도 희망이 생겼다. 그때는 상상도 못했다. 그 작은 빨래방이 10년도 안 돼 24개 사업체로 확장되고, 그 수익이 수천억 규모의 기업들에 투자하는 펀드로 이어질 줄은. 뮤추얼펀드가 뭔지도 몰랐던 30대 중반 여성이 여기까지 온 것이다.

나는 부잣집 출신도, 특별히 똑똑한 사람도 아니다. 아버지는 석재 업체 직원에서 사장이 되었고, 어머니는 특수교육 교사였다. 한적한 시골에서 자란 나는 돈의 가치보다 사슴 발자국을 추적하는 법을 먼저 배웠다. 고등학교 수학 선생님은 이렇게 말했다. "헬렌 켈러가 양궁 대회에서 우승할 확률이 네가 수학을 잘할 확률보다 높다." (물론 나쁜 분은 아니었다.) 그 누구도 내가 나중에 '재정적 자립'을 이야기하게 될 줄은 몰랐다.

대학 졸업 후, 멕시코 후아레스에서 기자로 일하며 인신매매 현실을 취재했다. 그곳에서 깨달았다. 돈이 곧 힘이라는 것을. 그 깨달음은 나를 '괴물의 심장'으로 이끌었다. 뱅가드, 스테이트스트리트, 골드만삭스 등 금융 회사들이 부를 축적하는 전략을 익혔다. 동시에 내 이름으로 사업을 인수하고 운영하며, 내가 배운 것들을 온라인에 공유하기 시작했다. 직장 상사들은 못마땅해했다. 한 상사가 보낸 이메일이 아직도 기억난다. "너 때문에 우리 회사 수준이 계속 떨어진다. 부디 팔로워는 많이 늘었길 바란다." 그 상사는 그때도 치졸했고, 지금도 치졸할 거다.

나는 소수의 부자들에게 더 큰 부를 안겨주는 것보다, 평범한 다수와 함께 부자가 되는 쪽을 택했다. 메일을 보낸 상사와 그의 친구들이 값비싼 자동차와 와인, 세 번째 결혼을 자랑하는 걸

보며 이런 생각이 들었다. '이런 인간들이 세상을 굴러가게 한다고?' 이제 바꿔야 할 때다.

그래서 나는 그들만 알고 있던 부의 공식을 대중과 나누기 시작했다. 이 글을 쓰는 지금, SNS 팔로워는 600만 명, 뉴스레터 구독자는 100만 명, 수강생은 5000명이 넘는다. 우리가 만든 커뮤니티는 수익 수백억 원을 창출했고, 100개 이상의 사업이 새로운 주인을 만났다. 치졸한 상사의 밥그릇을 빼앗아오는 일은 이제 시작일 뿐이다. 우리의 사명은 동네 상권을 되살리고, 당신이 다시는 끔찍한 상사 밑에서 일하지 않도록 하는 것이다.

『마지막 부의 공식』은 행동을 촉구하는 책이다. 나는 많은 사람이 이 책을 읽고 수익성 있는 사업의 주인이 되기를 바란다.

쉽지는 않다. 그러나 인생이 바뀐다

당신이 부자가 되는 걸 돕고 싶다. 하지만 그보다 더 중요하고 시급한 일이 있다. 우리가 동네 상권을 되살리지 않으면, 머잖아 모두가 위기를 맞게 될 것이다.

## 매일 다니는 거리에
## 숨겨진 황금 기회

혹시 알고 있는가? 미국 일자리의 절반은 거리의 부자들이 소유한 사업체에서 나온다. 그 수는 무려 300만 개에 달하며, 3200만 명에게 일자리를 제공하고 해마다 9000조 원에 가까운 수익을 만들어낸다.

하지만 이들 역시 벽에 부딪히고 있다. 문제는 고령화다. 65세 이상 베이비붐 세대 사업주들 상당수가 은퇴를 원하지만 방법은 모른다. 맥주 한 잔 사주며 속내를 털어보라. 대부분 이제 쉬고 싶은데, "어떻게 사업을 정리해야 할지 모르겠다"고 말할 것이다.

과거에는 자녀에게 사업을 물려주는 경우가 흔했지만, 시대가 변했다. 지금은 약 30퍼센트의 사업체만이 가족에게 승계된다. 아들딸들은 아버지의 배관 사업을 물려받기보다 틱톡에 챌린지 영상을 올리는 것을 더 선호한다. 설령 그 배관 사업이 수십억 원의 수익을 내더라도 말이다.

더 놀라운 건, 이처럼 성공적인 사업 중 다수가 '영영 문을 닫고 만다'는 것이다. 주인들은 사업을 누구에게 넘기지도 않고 그냥 폐업 팻말을 내걸고 조용히 사라진다.

믿기 어렵겠지만, 이미 전 세계에서 벌어지고 있는 일이다.

일본의 사례를 보자. 요코야마 히데카즈는 30년 넘게 물류 회사를 운영하며 성공을 일궜다. 그런데 작년, 그는 회사를 '무료로' 양도하려 했다. 예외적인 사례 같지만 그렇지 않다. 일본에서 평균 사업주 나이는 62세이며, 그중 60퍼센트는 후계 계획조차 없다. 매각은커녕 공짜로라도 넘기는 것이 유일한 선택지다.

요코야마는 70대였고, 그의 유산을 이어받길 원하는 이는 아무도 없었다. 자녀도, 직원도, 제삼자도 원하지 않았다. 그가 넘기려던 것은 낡고 허름한 부동산이 아니라, 수십억 원 가치를 지닌 현금 창출형 사업체였다. 그런데도 후계자는 없었다.

이러한 고령화와 사업 승계 실패는 일본 경제에 심각한 타격을 주고 있다. 수만 개의 중소기업이 인구 감소와 함께 사라지고 있기 때문이다.

2019년, 일본 경제산업성은 예고했다. 2025년까지 수익성 좋은 63만 개의 사업체가 문을 닫으면서 650만 개의 일자리가 사라지고 200조 원 이상의 경제 손실이 일어날 수 있다고. 이는 일본 전체 일자리의 거의 10분의 1에 해당하는 수치다.

그 경고는 현실이 되고 있다. 2021년 한 해에만 4만 4000개 사업체가 문을 닫았다. 그중 90퍼센트는 분명 돈이 되는 업체고, 새 주인을 만나기만 했어도 충분히 유지될 수 있었다. 하지만 아무도 나서지 않아서 영영 사라졌다.

아직도 먼 나라 얘기처럼 느껴지는가? 이는 내 가족에게도 일어난 일이다. 내 삼촌은 배관 업체를 운영했다. 수십 년간 큰돈을 벌었고, 전성기 때의 회사 가치는 수십억 원에 달했다. 하지만 나이가 들고 건강이 악화하면서, 삼촌에게 가장 소중한 건 사업이 아니라 가족과 함께하는 시간이었다.

그는 사업을 매각하지도 않았고, 직원이나 가족에게 물려주지도 않았다. 그저 천천히, 조용히 문을 닫았다. 오히려 폐업 과정에서 돈이 들어갔고, 법적 절차를 마무리하기 위해 숙모가 많은 짐을 짊어져야 했다. 삼촌의 결정은 이해할 만했다. 이미 70대였고, 몸도 마음도 지쳤으며, 사업을 팔 수 있는 자산으로 여기지 않았고, 복잡한 매각 절차를 감당할 여력도 없었다.

하지만 그 사업은 수십 년간 성공적인 회사였다. 그 덕에 삼촌은 아메리칸 드림을 실현했다. 멕시코로 보트 여행을 떠났고, 작은 비행기와 산속 별장도 마련했다.

하지만 결국 사업은 조용히 사라졌다. 고객도, 직원도, 매뉴얼도 함께 사라졌다. 그의 유산은 가족과 삶의 기억 속에만 남았다. 그 유산이 '사업'이라는 형태로 계속될 수는 없었을까?

비극처럼 들리지만, 지금 이 순간에도 전 세계 곳곳에서 일어나고 있는 현실이다. 당신이 사는 동네에서 벌어지는 일일지도 모른다. 수많은 베이비붐 세대 사업주들이 후계자 없이 사업에 갇혀 고립되어 있다. 그들의 사업체는 경쟁사가 인수하기엔 너무 크고, 대기업이 인수하기엔 너무 작다. 그래서 그들은 계속 일하고 또 일한다. 힘이 다할 때까지.

앞으로 20년간 수백만 개의 소규모 사업체가 소리소문 없이 사라질 것이다. 그 여파는 상상 이상일 것이다. 심지어 대공황조

## 베이비붐 세대의 사업, 애물단지인가?

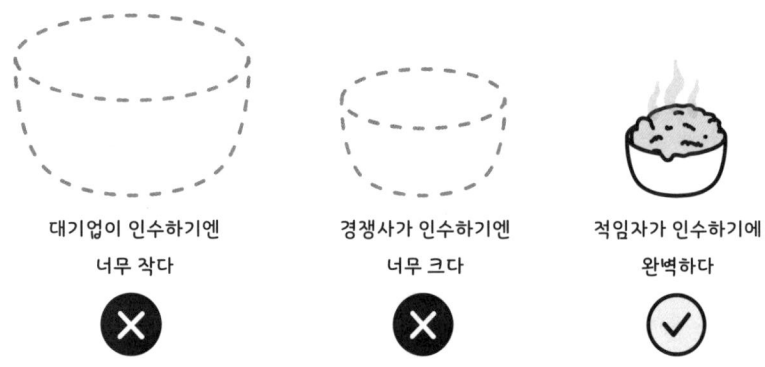

차 가볍게 느껴질 정도의 타격일지도 모른다.

하지만 바로 거기, 당신의 기회가 있다. 부디 자세를 고쳐 앉은 다음 집중하길 바란다. 당신이 새로운 주인이 될 수 있다. 그들의 후계자가 될 수 있다. 그들의 유산을 보존하고, 지역사회를 활성화하며, 경제적 자유를 얻을 수 있다. 지금도 고령의 사업주들은 내심 절박하게 자신의 사업을 이어받아줄 사람을 기다리고 있다. 기회는 먼 곳에 있지 않다. 당신의 집 근처, 골목 어귀에 금광이 묻혀 있다.

이제, 당신의 이야기를 시작할 때다. 이 책은 경제적 자유로 가는 안내서다. 그리고 극소수만 모든 걸 독차지하고 나머지에게는 부스러기나 주워 먹으라 강요하는 세상에 날리는 통쾌한 반격이기도 하다. 여기 담긴 방법을 통해 수많은 평범한 사람이 꿈을 현실로 만들었다. 나도 해냈고, 그들도 해냈다. 당신도 분명 해낼 수 있다.

이 여정에 필요한 건 높은 지능도, 특별한 배경도 아니다. 주인이 되겠다는 굳은 의지면 충분하다. 부디 자신의 운명을 스스로 개척하는 벅찬 순간을 느끼길 바란다. 그 짜릿함은 어떤 성취와도 비교할 수 없다. 이제 열정을 품고 이 책이 제시하는 단계를 하나씩 따라가라. 그러면 머지 않아 부와 자유를 손에 넣게 될 것이다.

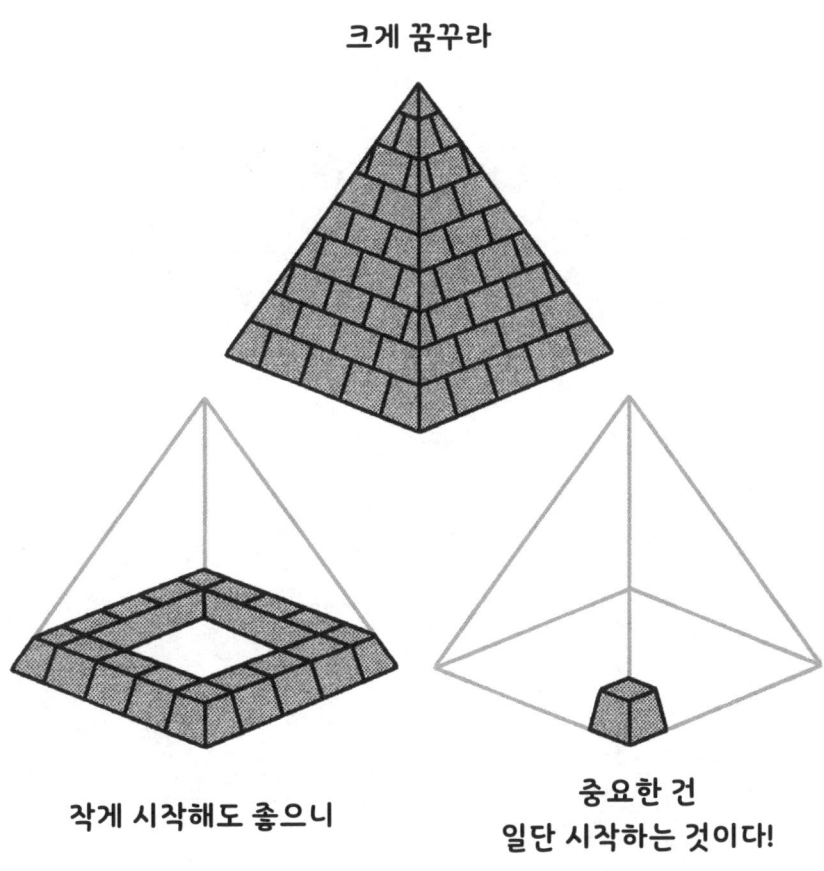

# STEP 1

# 조사하라

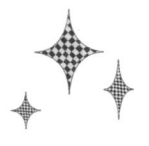

1장

# 나를 위한 단 하나의 비즈니스

### 후회 없는 출발지 선택하는 법

"어떤 사업체가 가장 수익성이 좋나요?"

내가 하루에도 수십 번씩 듣는 질문이다.

사람들은 내가 빨래방이나 셀프 세차장, 공유창고, 배송대행 업체 같은 정답을 콕 집어주길 기대한다. 하지만 이 질문에는 근본적인 오류가 있다.

더 나은 질문은 이거다.

어떤 사업체가 나에게 잘 맞을까요?

사실 절대적으로 좋거나 나쁜 사업은 없다. 다만 '자신에게' 맞거나 맞지 않는 사업이 있을 뿐이다.

사업 인수는 철저히 개인적인 결정이다. 내가 어떤 사람인지, 어떤 삶을 원하는지, 무엇을 감당할 수 있는지가 기준이 된다. 최악의 선택은 자신의 재정 상태, 감당 가능한 리스크, 원하는 라이프스타일과 전혀 맞지 않는 사업에 덜컥 뛰어드는 거다.

그러니 어떤 사업을 인수할까 고민하기 전에 자신부터 파악해야 한다. 첫 번째 과제는 자신에게 맞는 레벨을 확인하는 것이다. 사업은 규모에 따라 운영 방식과 인수자의 조건이 다르다. 자신에게 맞는 레벨에서 시작해야만 재정적 성공뿐 아니라 일하는 즐거움과 삶의 여유까지 누릴 수 있다. (참고로 이 책은 레벨 1~2에 해당하는 독자를 위해 쓰였다.)

## 작은 사업을 인수하는 것이
## 훨씬 쉬운 이유

사업 인수를 이야기하는 사람들 대부분은 연 매출 1000억 원 이상,《포천》1000대 기업처럼 일반인이 감히 넘볼 수 없는 규모의 사례만 다룬다. 그래서 오히려 우리에겐 기회다. 모두가 피라미드 꼭대기만 쳐다보느라 그 아래 있는 작지만 수익성 높은 사업에는 눈길조차 주지 않기 때문이다. 진짜 기회는 바로 여기에 있다. 고기가 넘치지만 낚시꾼은 없는 바다. 이 바다가 바로 조용히, 하지만 엄청만 부를 쌓는 부자들이 사는 무대다.

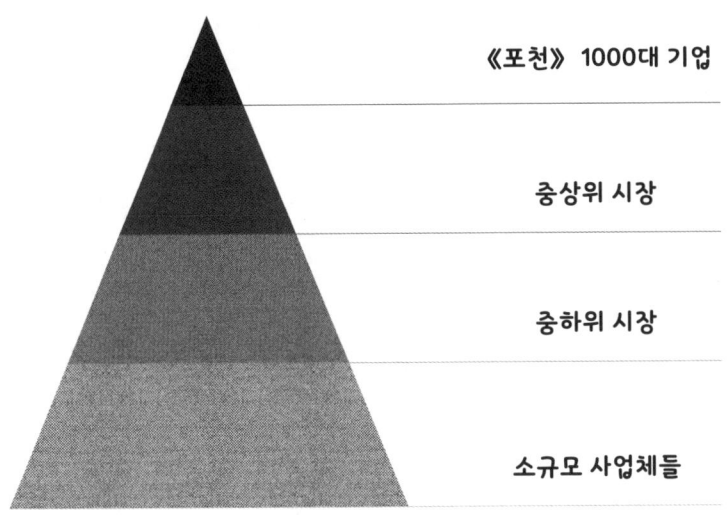

## 레벨 1: 1인 CEO

레벨 1은 사업 인수가 처음인 사람, 아직 자신이 없고 리스크를 최소화하고 싶은 사람에게 적합하다. 일단 본업을 유지하면서 파트타임으로 작은 사업을 운영해보고 싶거나, 전업이라도 온종일 매달리기는 싫은 사람에게 맞는 단계다. 사업 구조상 특별한 기술이나 자격, 고급 인력이 필요하지 않다.

물론, 이 단계의 사업체들은 재무 기록이나 업무 매뉴얼이 엉성하거나 아예 없는 경우가 많다. 사업주가 현장에 항상 있을 필요는 없지만, 어느 정도 손을 직접 댈 각오가 필요하다. 그래도 레벨 1의 사업은 초기 진입 비용이 낮고 운영이 단순해, 사업 인수를 처음 시작하기에 가장 부담이 적다.

예시 업종으로는 빨래방, 자판기, 셀프 세차장, 공유창고, 캠

평장, 우편 서비스 센터 등이 있다. 단출하지만 현금흐름이 꾸준한 구조다.

**레벨 1의 주요 수치**

- 인수 비용: 14억 원 미만
- 연 매출: 4억 원 미만
- 순이익: 7000만~3억 원
- 매각 배수: 1~2배
- 소유주 연봉: 2억 7000만 원 미만
- 직원 수: 0~3명
- 투입 시간: 주당 10~30시간

## 레벨 2: 실전형 CEO

레벨 2는 한발 더 나아간 단계다. 자금 여유가 어느 정도 있고, 직원 관리 경험이 있으며, 비교적 복잡한 사업 구조도 감당할 자신이 있다면 이 레벨이 적합하다. 인수 가격, 대출 규모, 수익성, 직원 수, 설비 관리 등 모든 요소가 레벨 1보다 한층 더 고도화되기 때문에, '직장을 대신할 내 사업'을 본격적으로 찾는 사람에게 추천한다. 이 레벨은 말 그대로 CEO 자리를 사는 것이다. 여전히 '일해서 먹고사는' 구조이긴 하지만, 타인이 아닌 자신을 위한 일이다. 더 큰 자율성, 성장 가능성, 나만의 리더십을 시험해볼 수 있는 무대다.

기본적인 회계 시스템과 디지털 기반 관리 툴이 갖춰져 있을 가능성이 크고, 중간 관리자급 인력이 있을 수도 있다. 사업 운영 전반을 직접 챙길 수도 있고, 경험 있는 운영자를 고용해 일부 역할을 위임할 수도 있다. 다만 일이 꼬일 경우, 모든 책임은 전적으로 본인 몫이다. 소유자 중심 구조라는 점을 잊어선 안 된다.

예시 업종은 매우 다양하다. 인허가가 필요한 기술 기반 업체, 청소 서비스, 유아 교육, 조경, 수리 업체 등이 있다. 핵심은 내 강점과 삶의 방식에 맞는 업종을 고르는 것이다.

**레벨 2의 주요 수치**

- 인수 비용: 70억 원 미만
- 연 매출: 41억 원 미만
- 순이익: 14억 원 미만
- 매각 배수: 3~5배
- 소유주 연봉: 10억 원 미만
- 직원 수: 15명 미만
- 투입 시간: 풀타임 운영자가 있어야 하지만, 꼭 소유주 본인일 필요는 없다.

### 레벨 3: 운영 전환형 CEO

레벨 3은 CEO로서 한 단계 도약하고자 하는 사람에게 적합하다. 20~50명의 직원을 관리하고, 고도화된 시스템과 계층적인 조직을 운영할 수 있는 역량이 필요하다. 단순히 현금흐름을 창출하는 것을 넘어, 중소기업 규모로 사업을 성장시켜, 장기적으로 더 높은 평가액으로 사모펀드에 매각할 수 있는 전략과 실행력을 갖춘 사람에게 어울린다.

이 단계에선 사업을 직접 운영하기보다는 경영을 관리하고 성장 전략을 설계하는 역할이 중심이다. CEO로서 현장에 적극 관여할 수도 있지만, 운영 책임자가 이미 핵심 역할을 맡고 있는 경우가 많다. 중요한 건 '내가 없어도 돌아가는' 구조를 만들 수 있느냐는 것이다.

**레벨 3의 주요 수치**

- 인수 비용: 140억 원 미만
- 연 매출: 40억~140억 원
- 순이익: 14억~70억 원
- 매각 배수: 3~8배
- 소유주 연봉: 4억~14억 원 (역할 및 관여도에 따라 상이)
- 직원 수: 20~50명
- 투입 시간: 주당 10~40시간 (일상 운영은 위임)

### 레벨 4: 시장 선도자

레벨 4는 시장의 흐름을 주도하는 단계다. 사모펀드 같은 기관 투자자들과 경쟁할 수 있는 자본력과 전략적 안목, 검증된 인수 및 운영 경험을 모두 갖춘 사람만이 도전할 수 있다.

이 단계의 사업체는 정교한 운영 프로세스, 숙련된 인력, 계층적인 관리 체계, 확립된 고객 기반을 갖추고 있다. 사업주가 직접 운영에 관여할 수도 있지만 필수는 아니며, 일반적으로는 전략적 의사결정과 성장 방향을 이끄는 역할에 집중하게 된다. 이 책은 레벨 4 다음 단계는 권장하지 않는다. 그 수준부터는 경쟁이 치열하고 실패 리스크도 일반인이 감당하기 어려울 정도로 크기 때문이다.

**레벨 4의 주요 수치**

- 인수 비용: 210억 원 미만
- 연 매출: 70억~210억 원
- 순이익: 14억~70억 원
- 매각 배수: 5~10배
- 소유주 연봉: 8억~28억 원(역할 및 관여도에 따라 상이)
- 직원 수: 25~100명
- 투입 시간: 주당 20~30시간의 전략적 관여부터 40시간 이상의 적극적 참여까지 유동적이다.

## 레벨 5: 기업들의 전쟁터

레벨 5는 월스트리트에서 구찌 로퍼를 신고 거래 판을 누비는 사람들의 영역이다. 다국적 사모펀드와 초대형 투자은행이

| 레벨 1<br>**초소형 인수**<br>1인 운영자 또는<br>초보 인수자에게 적합 | · 인수 비용: 14억 원 미만<br>· 연 매출: 4억 원 미만<br>· 직원 수: 0~3명 미만 |
| --- | --- |
| 레벨 2<br>**소형 인수**<br>초보 또는 두 번째<br>인수자에게 적합 | · 인수 비용: 70억 원 미만<br>· 연 매출: 41억 원 미만<br>· 직원 수: 15명 미만 |
| 레벨 3<br>**중소형 인수**<br>경험 많은 인수자 또는<br>투자자에게 적합 | · 직접 운영 또는 대리 운영 가능<br>· 인수 비용: 140억 원 미만<br>· 연 매출: 40억~140억<br>· 직원 수: 20~50명 |
| 레벨 4<br>**대형 인수**<br>숙련된 인수자 또는<br>기관 투자자에게 적합 | · 직접 운영 또는 대리 운영 가능<br>· 인수 비용: 210억 원 미만<br>· 연 매출: 70~210억 원<br>· 직원 수: 25~100명 |

경쟁하는 전장이다. 우리는 그 단계까지 올라갈 필요도, 이유도 없다.

기억하자. 우리가 하려는 일은 새로운 사업을 일구는 게 아니라 이미 자리 잡은 사업을 최대한 적은 자본으로, 양측 모두에게 유리한 조건으로 인수해 첫날부터 수익이 나는 구조로 설계하는 것이다. 예컨대 측량 회사를 인수한다고 해서 당신이 측량 전문가일 필요는 없다. 중요한 건 이미 잘 돌아가는 시스템을 이어 받아, 적절한 인재를 유지하고, 소유자로서 수익을 챙기는 일이다.

## 나와 가장 잘 맞는 4가지 사업

나는 오랜 시간 사업체를 인수하면서 나에게 맞는 사업 유형을 알게 되었다. 이제 당신도 자신에게 맞는 유형을 찾을 때다. 나 역시 처음엔 레벨 1, 즉 빨래방처럼 인수 비용이 적은 소규모 사업부터 시작했지만, 지금은 주로 레벨 2 이상의 사업에 집중한다. 내가 특히 선호하는 4가지 사업 유형은 다음과 같다.

### ① 디지털 비즈니스

이 유형은 '지루한 사업'이라고 보기엔 무리가 있다. 인수, 확장 경쟁도 치열한 편이다. 하지만 내가 이 분야를 좋아하는 데는 명확한 이유가 있다. 디지털 상품은 한번 만들면 평생 팔 수 있기 때문이다. 사용자가 늘어나도 추가 비용이 거의 들지 않으며, 검색엔진 최적화$^{SEO}$, 콘텐츠 마케팅, 클릭당 광고$^{PPC}$ 등 디지털 도구를 활용해 쉽게 확장할 수 있다. 실물 자산이 없으니 고정비도 낮고, 일반적으로 순이익률도 높다. 수익성 있는 웹사이트들은 순이익의 1~4배에 거래되기도 한다. 나는 실물 재고가 없는 100퍼센트 온라인 기반 비즈니스를 선호하지만, 이커머스 분야에서 엄청난 수익을 올린 지인들도 있다. 단, 이 분야에 뛰어든다면 런디 효과를 비롯한 이 책에서 다룰 전략들을 반드시 염두에 둬야 한다. 우리는 '스타트업의 꿈'이 아니라 '수익성 있는 현실'을 사는 것이다.

### ② 소비자 서비스

지붕 수리, 조경, 수영장 청소 등 B2C 기반 서비스가 여기에 속한다. 소비자 중심인 만큼 수요 변동성이 크지만, 정기 고객 기반이 안정적으로 형성되면 매출 흐름이 견고해진다. 확장성이 크고 자금 조달도 비교적 수월한 편이어서, 나도 자주 인수하는 유형이다. 다만 인력 관리, 물류, 인허가, 시스템 정비 등은 꽤 복잡할 수 있어 준비가 필요하다.

### ③ 전문가 서비스

회계, 마케팅, 법률 서비스 등 특정 자격이나 전문성을 요구하는 업종이다. 내가 이 유형을 선호하는 이유는 진입 장벽이 높기 때문이다. 잔디는 누구나 깎을 수 있지만, 회계는 공인 자격이 있어야 한다. 경쟁이 덜하고, 단가가 높으며, 반복 매출이 가능하고, B2B, B2C 모두 대응 가능하다는 점도 매력적이다. 무엇보다 이런 서비스를 정형화된 절차와 가격으로 제품화해 운영 효율을 높

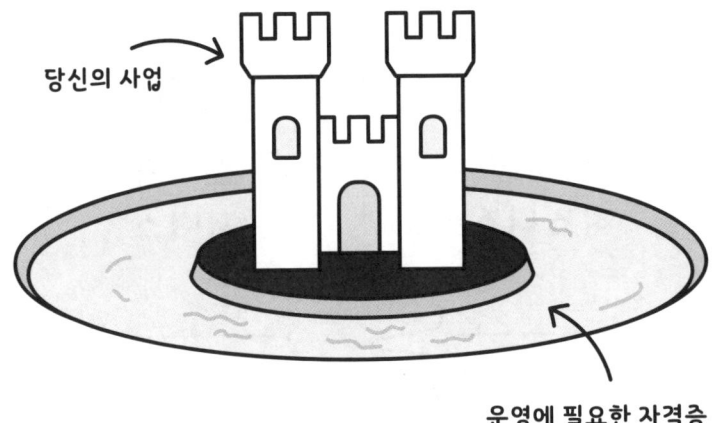

일 수 있다는 점에서 특히 마음에 든다. 그 구체적인 방법은 책을 계속 읽다 보면 알 수 있을 것이다.

### ④ 부동산 연계 사업

부동산 사업은 내가 가장 자신 있는 분야다. 빨래방, 셀프 세차장, 공유창고, 캠핑장, 이동식 주택 등 부동산 가치가 인수 가격의 큰 부분을 차지하면서도 현금흐름을 꾸준히 창출하는 구조의 사업이다.

나는 이런 거점 사업에 '부가 사업'을 덧붙이는 전략을 즐긴다. 예를 들어, 이동식 주택을 소유하면서 부동산 사무소, 조경 업체, 지붕 수리업체 등을 함께 운영하는 식이다. 안정성과 수익성, 확장성 모두 잡을 수 있는 훌륭한 조합이다.

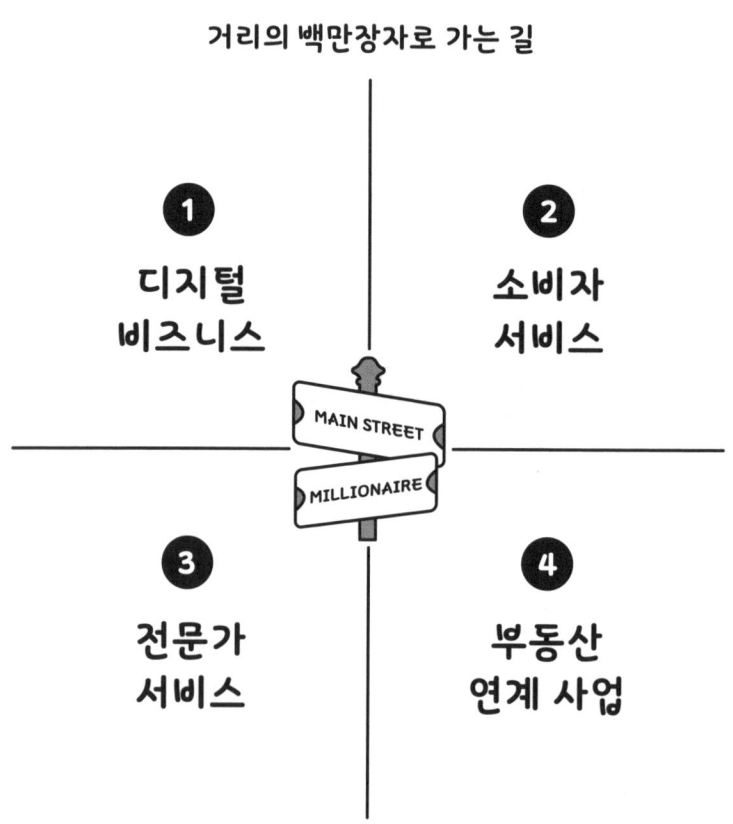

**무조건 피해야 할 7가지 치명적인 사업**

어느 날 메일함을 열어보니 커뮤니티 회원 한 명에게서 다급한 메시지가 와 있었다. 첫 사업체를 인수했는데 상황이 심각하다는 내용이었다. 돈은 줄줄 새고, 동업 관계는 파탄 직전이었다. 심지어 소송까지 걸려 1억 원 이상을 날릴 위기에 처해 있었다. 게다가 그 회원은 갓난아기를 둔 엄마였다. 의욕적으로 시작했지만, 현실은 냉혹했다. 하지만 충분히 피할 수 있는 재앙이었다.

그가 저지른 첫 번째 실수는 이미 적자인 프랜차이즈 식당을 인수한 것이다. 두 번째 실수는 비즈니스 경험이 전혀 없는 사람과 지분 50 대 50으로 동업 계약을 맺은 것이다. 상대는 투자금 한 푼 없이 첫날부터 지분 절반을 가져갔다. 그다음으로 검증되지 않은 운영자를 고용한 것이 세 번째 실수였다. 여기서 끝이 아니다. 그 사업장은 그 회원의 집에서 비행기로 세 시간 거리에 있었다!

아아, 대체 무슨 생각이었던 것인가!

다행히 계약의 덫에서 그를 구해낼 수는 있었다. 솔직히 말하면, 그가 이 식당을 인수하면서 다른 조건들을 모두 완벽하게 처리했더라도 결과는 달라지지 않았을 것이다. 왜? 외식업 자체가 본질적으로 돈을 갉아먹는 구조이기 때문이다. 실패 확률이 높은 사업은 애초에 손대면 안 된다.

우리의 목적은 이익이 보장되는 사업에 투자하는 것이다. '내 돈이 더 많은 돈을 데리고 돌아올 수 있는가?' 이 기준으로 보면, 절대 건드려선 안 되는 사업이 있다. 이제 수익보다 손실이 더 큰, 치명적인 사업 유형들을 살펴보자.

### ① 음식점

아무리 미식가라 해도, 친구들이 '넌 당장 식당 차려야 해!'라고 극찬해도, 음식점은 시작하면 안 된다. 외식업은 돈벌이 수단이 아니라, 그 일을 진심으로 사랑하는 사람만 감당할 수 있는 고된 업종이다. 소규모 사업체의 평균 인수가는 약 11억 원 정도인데, 음식점은 고작 3억 원이 채 안 된다. 왜? 첫해에 60퍼센트, 4년 안에 80퍼센트가 망하기 때문이다. 은행이 음식점 대출을 꺼리는 이유도 여기에 있다. 직원 관리, 손님 응대, 식자재 관리 등 어느 것 하나 소홀히 할 수 없다. 식당을 운영하는 이유는 딱 3가지다. 그 일을 너무 사랑하거나, 타고난 운영 능력을 갖췄거나, 아니면 자학적인 성향이 있거나. 최고의 운영자가 있다면 나도 투자한다. 실제로 이미 세 곳에 투자 중이다. 하지만 직접 운영할 생각은 절대 없다. 음식점은 진 빠지는 일터다. 식당에서는 밥만 먹자. 사업으로는 손대지 말라.

### ② 호텔

호텔은 사업이 아니다. 부동산이 사업인 척하는 모델일 뿐이다. 현금흐름이 거래 비용을 감당하지 못하는 경우가 많고, 감가상각도 심하다. 보통 식당이 딸려 있고, 고객은 24시간 내내 응대를 요구한다. 게다가 규모가 커질수록 초기 자본도 커지고, 리스크도 커진다. 운영 천재가 아닌 이상, 처음부터 상어가 우글대는 바다에 뛰어들 필요는 없다. 정말 호텔을 운영하고 싶다면, 먼저 소규모로 경험을 쌓고 천천히 올라가라.

### ③ 소매점

작은 부티크를 열고 좋아하는 물건으로 매장을 채우는 건 많은 사람의 로망이다. 하지만 현실은 다르다. 소매업은 돈을 태우는 사업이다. 특히 유통 채널이 대부분 온라인으로 이동한 지금, 오프라인 매장은 더욱 불리하다. 물론 일부 예외는 있다. 유동 인구가 많은 번화가의 체험형 매장, 혹은 명품처럼 강력한 브랜드 파워를 지닌 경우다. 하지만 대부분의 소매점은 다음과 같은 구조적 한계에 부딪힌다.

- 재고 리스크: 선결제로 상품을 미리 사놓아야 한다. 팔릴지 모르는 재고에 자금이 묶인다. 남으면 곧바로 손실이다.
- 높은 고정비: 좋은 입지를 확보하려면 임대료가 비싸다. 매출은 들쭉날쭉한데 고정비는 늘 나온다.
- 재정 운영의 어려움: 재고 회전율 관리, 도난 방지, 인건비, 금융 접근성 등 모든 요소가 까다롭다.

### ④ 컨설팅 업체

컨설팅 업체는 듣기엔 멋지지만, 인수 관점에서는 위험 요소가 많다. 가장 큰 문제는 핵심 인력 의존도다. 주요 컨설턴트가 떠나면 고객도 따라 나간다. 게다가 이 업계는 제안 요청서를 받으면 무료로 시범 서비스를 제공해야 하는 관행도 있다. 시간과 자원 낭비일 뿐이다. 컨설팅 회사는 사실상 사업이라기보다는 개별 프로젝트의 모음에 불과하다. 일거리를 사지 말라. 하지만 아래 조건을 만족하는 경우는 예외로 고려해볼 수 있다.

- 정부 계약 기반 컨설팅 회사: 예컨대 퇴역 군인 소유 기업은

정부 계약에서 혜택을 받을 수 있다.

- 구조화된 조직: 계층적 경영, 제품화된 서비스, 여러 명의 핵심 인력을 갖춘 경우는 비교적 안정적이다.

## ⑤ 개인 브랜드

유튜브 채널, SNS, 온라인 교육 등 개인 브랜드 기반 사업은 대부분 인수 후 유지가 어렵다. 핵심 인물 의존도가 너무 높고, 당사자가 손을 떼면 매력도 함께 사라진다. 성과급 구조 없이 거래하면 실패 확률이 높고, 초상권까지 함께 계약하지 않으면 브랜드 유지는 불가능하다. 대표적 사례로, 유명 헤지펀드 전문가가 자신의 뉴스레터를 매각하며 일정 기간 발행 권한과 초상권까지 넘겼다. 하지만 나라면 내 얼굴이 걸린 브랜드를 일면식도 없는 타인에게 팔지 않을 것이다.

## ⑥ 아마존 FBA 또는 드랍시핑

아마존 FBA란 판매자가 상품을 아마존 물류센터에 보관하면 아마존이 고객 유입, 주문 처리, 포장, 배송, 고객 서비스까지 책임지는 서비스다. 상품 페이지만 등록하면 아마존이 나머지 과정을 전부 처리해준다. 겉보기엔 쉬워 보이지만, 실상은 플랫폼 의존도가 매우 높은 고위험 사업이다.

- 플랫폼 리스크: 아마존이 계정 정지, 리뷰 조작, 자사 상품 경쟁 등 모든 것을 통제한다.

- 과열 경쟁: 진입 장벽이 낮아 아류 판매자가 넘치며, 특히 중국 판매자와의 가격 경쟁은 치열하다.
- 가격 통제권 없음: 아마존은 자체 알고리즘으로 최저가를 요구하고, 내 브랜드라도 가격 결정권은 없다.

결국, 가장 높은 수익을 내는 사람은 SNS에서 FBA 사업법을 가르치는 사람뿐이다.

### ⑦ 세탁소(드라이클리닝)

빨래방은 좋아하면서 세탁소는 왜 싫어하냐고? 세탁소는 안정적일 것 같지만 위험 요소가 매우 많은 업종이다. 드라이클리닝에 사용되는 화학 물질은 대개 독성이 강하다. 안전 규정을 제

### 수익보다 손실이 큰 사업 특징

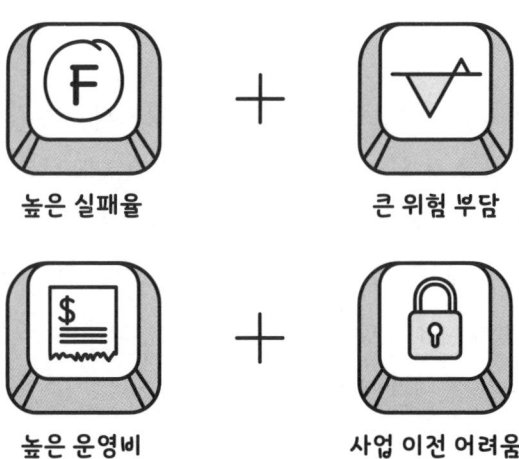

1장 나를 위한 단 하나의 비즈니스

대로 지키지 않으면 뒷감당 비용이 천문학적으로 들 수 있다. 게다가 오래 일할 수 있는 숙련된 인력을 찾기도 정말 어렵다.

이처럼 실패율이 높고, 리스크가 크고, 운영비가 많이 들고, 사업 이전이 어려운 사업들은 절대 손대지 말라. 이제, 무엇을 피해야 할지 알았으니 잘 맞는 사업의 조건을 이야기해보자.

### 사업으로 얻고자 하는 바가 무엇인가

> 원하는 바가 명확할수록, 그 목표를 달성하는 데
> 필요한 선택을 더 빨리 내릴 수 있다.
> _로빈 샤르마

> 목표를 제대로 설정하는 것은
> 이미 절반을 달성한 것과 같다.
> _지그 지글러

원하는 것이 뚜렷할수록 그것을 더 빠르게 얻을 수 있다. 반대로 목표가 흐릿하면 동기부여도 어렵고 결과도 신통찮다. 사업 인수에서는 이 원칙이 열 배 더 중요해진다.

'나도 빨래방이나 한번 사볼까'라는 식으로 접근하면 절대 안 된다. 진짜 나에게 맞는 사업을 찾아야 한다. 사업 인수로 무엇을 얻고 싶은지, 내가 세상에 어떤 가치를 제공할 수 있는지, 어떤 조건을 갖춘 사업을 원하는지 명확히 답해야 한다.

펜과 종이를 꺼내라. 지금부터 할 연습이 당신에게 꼭 맞는 사업을 찾아줄 것이다.

### 1단계: 나만의 강점 정의하기

사업 인수에서 가장 먼저 할 일은 자신을 객관적으로 파악하는 것이다. 많은 사람이 이 단계를 간과하지만, 나에게 잘 맞는 사업을 찾으려면 내가 무엇을 잘하고 좋아하며, 누구와 연결돼 있는지를 먼저 알아야 한다. 이를 위해 간단한 벤다이어그램을 그려보자. 세 개의 원에 '열정', '기술', '네트워크'를 적고, 각 항목에 해당하는 내용을 자유롭게 써보자.

당신의 '열정'을 쏟아부을 수 있는 분야를 찾아라. 시간 가는 줄 모르고 빠져든 활동이 있는가? 목공 작업, 요리, 마케팅 글쓰기 등 어떤 활동이든 좋다. 사업과 직접 관련이 없어 보여도 괜찮다. 즐겁게 몰입했던 일들을 떠올려 적어보자. 그것이 바로 사업이 뻗어나갈 길이 된다.

다음은 기술이다. 꼭 전문가일 필요는 없다. 주변보다 조금 더 잘하는 일이면 충분하다. 예를 들어, 물류, 인사, 영업, 마케팅처럼 사업 운영에 유용한 실무 경험도 훌륭한 자산이다. 기술 스택skill stack(여러 분야의 능력을 조합해 시너지를 내는 개인 역량의 묶음-옮긴이) 개념을 떠올려보라. 한 가지 기술로 상위 1퍼센트에 들기는 정말 어렵지만, 상위 10퍼센트에 드는 것은 충분히 가능하다. 만약 3~4가지 기술에서 상위 10퍼센트라면, 세계적 수준의 기술 스택을 보유한 셈이다.

## 나만의 강점이 사업의 길이 된다

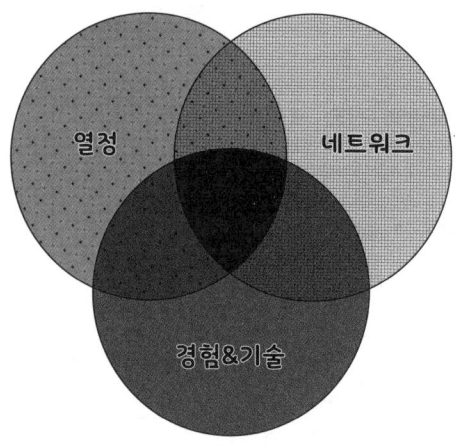

마지막으로, 네트워크를 보자. 사업 성공에 도움이 될 수 있는 사람들을 떠올려보자. 직장 동료, 거래처, 고객, 멘토, 지인, 심지어 온라인 커뮤니티도 포함된다. 업무 관계에 한정하지 말고, 가족이나 친구, 이웃까지 넓게 생각해보자. 나는 종종 머릿속으로 나만의 가상 이사회를 구성하곤 한다. 부동산 조언을 해줄 아버지, 브랜딩 전문가 친구, 내가 인수하고 싶은 빨래방을 운영하는 고등학교 동창. 당신도 나만의 가상 이사회를 구성해보라.

나만의 강점 찾기가 막막한가? 좋은 예시가 될 존의 사례를 보자.

☐ 열정: 존은 오래 남는 것을 만들고 지역사회에 보탬이 되는 일을 좋아한다. 사람들과 함께 주민들을 돕고 자신의 손길이 닿은 결과를 볼 때 큰 보람을 느낀다. 특히 효율화와 정돈에

열정이 있어, 그의 공구 창고는 완벽하게 정리돼 있다.

- 기술: 존은 어릴 때부터 기차 세트를 조립하고 정해진 시간에 운행하는 걸 즐겼다. 일이 계획대로 흘러갈 때 쾌감을 느낀다. 사람들의 강점을 파악해 업무를 배분하는 데 능하다. 컴퓨터도 잘 다뤄서 각종 온라인 툴을 활용해 작업을 자동화, 효율화할 수 있다. 정리하면, 존의 기술 스택은 실행 관리, 리더십, 기술 활용 능력이다.
- 네트워크: 존의 친구는 배관공이다. 늘 일이 많아 정신없다고 하소연한다. 그 말을 흘려들었던 존은 이제 기회를 떠올린다. 친구에게 고객 관리 시스템을 도입하라고 조언한 적 있는데, 이제 직접 나서는 걸 고려한다. 예를 들어, 존과 친구가 함께 배관 회사를 인수해 친구가 현장을 맡고, 존이 경영과 시스템을 맡는다면?

존은 친구와 충분히 논의한 끝에 자신의 열정, 기술, 네트워크가 배관업에 적합하다는 결론에 도달한다. 벤다이어그램의 중앙에 '배관'이라고 적는 순간, 마치 정답을 찾은 듯한 확신이 든다.

하지만 여기서 멈추지 않는다. '배관 관련 사업'을 검색해보며 확장 가능성을 탐색한다. 알아보니 배관 회사는 상업용·주거용 배관뿐 아니라 환기·냉난방 설치까지 함께 제공하는 경우가 많다는 사실을 알게 됐다. 어떤 곳은 정화조 설치도 제공한다. 그렇다면 배관 공사를 마친 뒤 앞마당을 정비해 주는 조경 서비스는 어떨까? 이렇게 존은 단일 업종이 여러 연계 사업으로 확장될 수 있음을 깨닫는다.

이처럼 자신의 열정, 기술, 네트워크를 명확히 정리한 시트를 늘 지참하라. 인수 기회를 발견했을 때 이 시트를 참고하면 자신에게 맞는 사업인지 쉽게 판별할 수 있다.

예를 들어, 지금 사는 동네에 탄탄한 제조업체가 매물로 나왔다고 하자. 매출과 수익 모두 훌륭하고, 매도자도 사업이 계속 유지되길 원한다. 겉보기엔 절호의 기회다. 하지만 강점 시트를 꺼내 보곤 깨달을 수 있다. '난 큰 그림을 그리는 걸 좋아하지만, 꼼꼼한 성격은 아니야. 공정 관리나 세부 작업은 맞지 않아. 난 자유로운 삶이 좋아. 영상 광고나 온라인 비즈니스 쪽이 적성에 맞아. 제조업체를 인수하는 건 역시 아닌 것 같아.' 잘 판단했다! 불필요한 재앙을 미리 피한 것이다!

결국, '인수하기 좋은 사업'이라는 건 따로 없다. 다만 자신에게 잘 맞는 사업이 있을 뿐이다. 예컨대 의사라면 개인 의원이나 의료기기, 의료 소프트웨어 사업을 우선적으로 찾아볼 수 있다. 임대업자라면 부동산 중개소나 건물 관리업을 고려할 수 있다. 사실 복잡하게 생각할 필요 없다. 하지만 대부분은 이 지점에서 길을 잃는다.

이 1단계에서의 목적은 자신의 강점과 현실 속 기회를 연결하는 것이다. 이 과정을 통해 개인적 만족과 재정적 성공을 동시에 이룰 수 있는 사업 기회를 포착할 수 있다.

사모펀드는 오직 숫자만 따진다. 현금흐름, 반복 수익, 확장

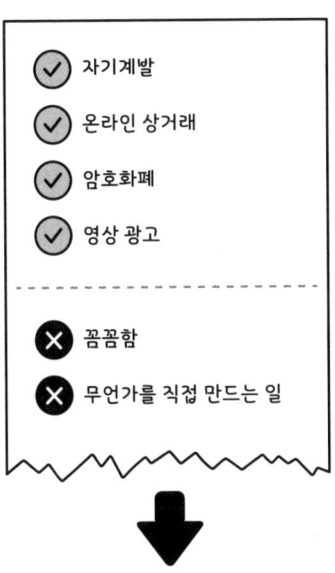

## 제조업에는 진출하지 말자

성, 성장 잠재력, 재매각 가능성. 우리는 여기에 '삶의 만족'을 더할 것이다. 그게 우리의 성공 방정식이다.

**2단계: 소유주가 되면
하고 싶은 일 구체적으로 정의하기**

2단계는 일종의 '사업 비전 보드' 만들기를 하는 과정이라고 생각하면 된다. 사업을 통해 어떤 삶을 살고 싶은지 구체적으로 그려보는 것이다. 온라인 데이팅 사이트 프로필을 작성한다고 생각해보자. '느낌 좋은 분이면 누구나 환영'이라고 적으면 좋은 인연을 만나기 어렵다. 기준이 낮거나 모호하면, 잠깐은 즐거울 수 있어도 결국 실망으로 끝날 것이다. 원하는 방향을 구체적으로 설정해야 한다. 다음 질문을 생각하며, 나만의 사업 청사진을 그려보자.

- 무엇을 이뤄야 성공했다고 느낄 수 있을까?
- 목표를 달성했을 때, 내 삶과 사업은 어떻게 달라질까?
- 예상되는 가장 큰 어려움은 무엇이며, 그것을 어떻게 극복할 수 있을까?
- 어떤 지역에서 사업을 운영하면 좋을까?
- 내가 가장 익숙하거나 강점을 가진 분야는 무엇일까?
- 어떤 방식으로 사업에 가치를 더할 수 있을까?
- 이 여정을 위해 새롭게 배워야 할 것은 무엇일까?

**사업 비전 보드**

| 목표 개인 | 이상적인 사업주 경험 | 강점 | 현재 사업 (선택 사항) |
|---|---|---|---|
| 목표 사업 | 규모 | 이익 | 산업 분야 |

거래 상자

STEP 1 조사하라

- 이상적인 매출 규모는 어느 정도일까?
- 나의 목표, 지식, 기술을 고려했을 때 가장 매력적인 업종은 무엇일까?
- 단일 사업이 좋을까, 여러 사업을 시도하는 게 좋을까?
- 운영에 얼마나 깊이 관여해야 할까?

원하는 것이 명확할수록, 가장 잘 맞는 사업을 더 정확하게 알아볼 수 있다. 잠깐이라도 좋으니 질문들에 진지하게 답해보라. 이 다음 단계에서는 실질적인 인수 기준을 정할 것이다.

**3단계: 나만의 거래 상자 만들기**

이제 마지막 단계다. 당신이 인수할 사업체의 구체적인 조건을 정리해두는 것이다. 이 과정을 통해 어떤 사업이 '나에게 맞는 사업'인지 명확하게 드러난다.

집을 살 때를 떠올려보자. 부동산 어플을 켜면 수백, 수천 개의 매물이 뜬다. 하지만 원하는 조건을 필터로 설정하면 선택지는 단숨에 줄어든다.

- 방 3개, 욕실 2개
- 시내에서 15분 거리
- 2015년 이후 준공
- 뒷마당 수영장
- 닭장 (나만 원하나?)

사업체 인수도 같다. 자신만의 기준을 정하지 않으면 끝없는 검색과 고민에 빠진다. 나 역시 그랬다. 온갖 잡다한 사업을 검토하며 시간을 낭비했지만, 거래 조건 시트와 거래 상자를 만든 뒤로는 훨씬 수월하게 기회를 선별할 수 있었다. 부디 이 책을 읽으며 나와 같은 시행착오를 겪지 말길 바란다.

일반적인 거래 상자에는 다음 항목이 포함된다. 필요에 따라 선택하라.

- 매도 희망 가격
- 연간 매출 범위
- 연간 수익 범위
- 마진율
- 매도자 유형
- 선호 지역
- 규모
- 운영 방식 (직접 운영? 파트타임? 감독?)
- 희망 수익 배수
- 지급 가능한 계약금

이제 누가 나에게 어떤 사업체를 인수하고 싶은지 물어보면, 바로 대답할 수 있다. 내 거래 상자가 명확히 정리되어 있기 때문이다. 다음 쪽에 있는 거래 조건 시트와 거래 상자 예시를 확인하길 바란다.

## 거래 조건 시트

### 목표 수익

나의 급여 + 운영자 급여

### 부채 상환

목표 수익 × 0.25

### 목표 현금흐름

목표 수익 + 부채 상환

### 희망 가격 범위

목표 현금흐름 × 2 = 예상 최솟값

목표 현금흐름 × 4 = 예상 최댓값

| 거래 상자 | | | | 사업 A | 사업 B | (단위: 원) 사업 C |
|---|---|---|---|---|---|---|
| 항목 | 설명 | | 내 거래 상자 | | | |
| 이상적인 연간 수익 | 이 거래에서 목표로 하는 이상적인 수익 | | 3억 | | | |
| 최소 연간 수익 | 거래를 진행하기 위한 최소 수익 | | 2억 | | | |
| 운영자 급여 | 운영자를 고용할 경우 지급할 급여 | | 1억 5000만 | | | |
| 목표 사업 현금흐름 | 최소 수익과 운영자 급여를 충족하기 위한 현금흐름 | | 3억 | | | |
| 부채 상환 비용 | 금융 이용 시 예상되는 부채 상환 비용 | | 4000만 | | | |
| 필요 총 현금흐름 | 수익 목표, 운영자 급여, 부채 비용을 충족하는 총 현금흐름 | | 3억 | | | |
| 최소 구매 가격 | 2배 배수를 기준으로 한 최소 구매 가격 | | 7억 | | | |
| 최대 구매 가격 | 4배 배수를 기준으로 한 최대 구매 가격 | | 14억 | | | |

이제 막 시작하는 사람이라면 탐색의 범위를 좁히는 것이 좋다. 예를 들어 청소업에 경험이 있다면, 가까운 지역의 청소 업체부터 찾아보라. 접근은 단순할수록 좋다. 복잡한 기술 사업이나 인공지능 스타트업 같은 곳은 첫 인수 대상으로는 적절치 않다. 수익성이 입증된, 이해하기 쉬운 사업이 첫걸음으로는 최고다.

이로써 3가지 범주(자신의 강점, 사업 비전 보드, 거래 상자)로 당신만의 사업 필터를 명확히 정의했다. 걸어다니는 물음표에서 탈출한 것을 축하한다. 이제 내가 가장 좋아하는 단계로 넘어가보자.

## 지루해도 수익은 폭발하는
## 사업 아이템 찾기

이제 사업 아이템을 브레인스토밍해보자. 상상력을 마음껏 발휘하라. 흥미를 끄는 '지루한' 사업을 모두 목록에 올려보라. 당신의 강점, 사업 비전 보드, 거래 상자와 잘 맞을 것 같은 사업이라면 일단 모두 적어보자.

동네 서점? 세차장? 온라인 쇼핑몰? 뭐든 상관없다. 평가는 나중에 해도 된다. 최소한 10가지 이상 나올 때까지 써보자.

사업 인수 과정에서 수많은 선택지를 검토하는 건 당연하다. 그래서 나는 '100-50-10-1 법칙'을 추천한다. 우선 100개의 사업을 대략 훑어보고, 그중 50개를 추려 다시 들여다본다. 그다음 10개를 면밀하게 실사하고, 최종적으로 1개를 인수 대상으로 선택하는 것이다.

우리 커뮤니티에는 사업 인수를 준비 중인 사람 대부분이 30개 이상의 사업을 검토하고, 그중 20개를 거래 상자에 따라 보류하거나 관심 대상으로 분류한다. 당신 역시 적게는 10개, 많게는 100개 가까운 업체를 검토해야 비로소 딱 맞는 기회를 포착할 수 있을 것이다.

이 여정을 힘든 과제가 아닌 흥미로운 탐색 과정으로 받아들이자. 워런 버핏도 말하지 않았던가? "재능과 노력이 아무리 뛰어나도, 시간이 걸리는 일들이 있다. 아홉 명의 여자가 동시에 임신해도 한 달 만에 아기가 태어나진 않는다."

거래 실패를 피하는 가장 좋은 방법은 다양한 선택지를 비교하는 것이다. 골드만삭스에서 만난 내 멘토는 이렇게 말했다. "비교하지 않으면 그 무엇도 좋거나 나쁘다고 할 수 없다."

사업 후보 목록을 작성했다면, 이제 본격적으로 거래하는 법을 배울 차례다.

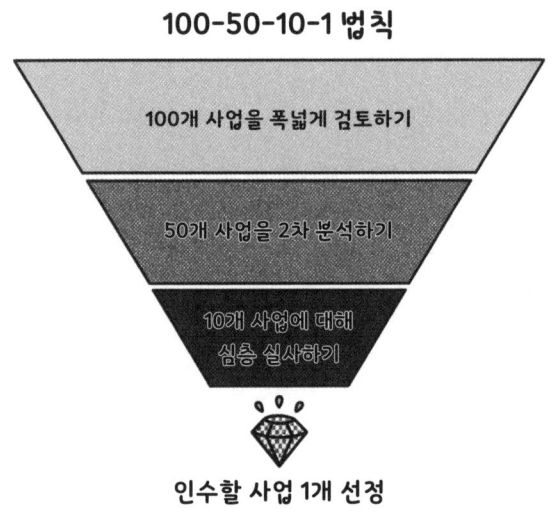

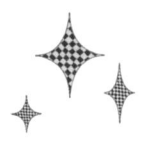

2장

# 숨어 있는 기회를 어떻게 찾을 것인가

**나만의 'K'를 만나라**

K는 오늘도 열쇠로 문을 따고, 조명을 켜고, '영업 중' 팻말을 내걸었다. 지난 25년간 하루도 빠짐없이 반복해온 일이다. 평범한 화요일 아침이었지만 왠지 오늘은 열쇠가 더 뻑뻑하게 돌아가고, 문은 더 버겁게 열렸으며, 팻말조차 무겁게 느껴졌다.

K는 작은 동네에서 평생 카페를 운영해왔다. 이 가게 덕분에 자녀들을 대학에 보내고, 가족 여행도 다녀오고, 집도 두 채나 마련했다. 단골손님들의 이름은 물론이고 늘 주문하는 메뉴까지 외웠다.

하지만 수천, 수만 잔의 커피를 내리다 보니 커피 향이 예전만큼 향긋하게 느껴지지 않았다. 간판을 처음 걸었을 땐 자녀들이 이 일을 물려받을 줄 알았다. 하지만 아이들은 앞치마 대신 정장을 선택했고, K는 그런 그들이 자랑스러웠다. 문제는 이제 커피 내리는 일이 지긋지긋하다는 것이었다. 매년 수익이 나고 이익도 쌓이고 있지만, 커피잔을 하나만 더 보면 야구 방망이로 박살 내고 싶은 심정이었다.

이것이 바로 사업주들이 사업체를 팔고 싶어 하는 흔한 이유다. 당신도 K와 같은 사람을 찾아야 한다.

**분명히 찾을 수 있는 숨은 매도자**

이전에 사업주들을 대상으로 강연을 진행한 적이 있었다. 이런 자리에서 인수 이야기를 꺼낼 때마다 꼭 나오는 반응이 있다. "누가 잘 나가는 사업체를 별다른 조건 없이 넘기겠어요? 바보도 아니고." 온라인에서는 더 노골적으로 나를 사기꾼이라고 비난한다. 이들은 작은 사업체 인수가 어떻게 거래 당사자 모두에게 이득이 되는지 이해하려 하지 않는다.

그래서 거기에 있는 회의론자들이 목소리를 높이기 전에, 나는 질문을 던졌다.

"여기 계신 분 중, 40세 이상인 사업주 계신가요?"

100명 가량이 손을 들었다. 청중의 절반 정도였다.

"좋습니다. 그럼 지금 사업을 매물로 내놓은 분 계신가요?"

모든 손이 내려갔다. 망설이듯 손을 든 사람은 고작 서너 명이었다.

"그렇다면, 적절한 제안이 들어온다면 팔 의향이 있는 분은요?"

그러자 100명이 넘는 사람들이 다시 손을 들었다. 전체의 60퍼센트쯤이었다. 여기에 핵심이 있다. 나는 이 질문을 여러 지역의 수많은 강연장에서 수백 번 반복했고, 결과는 매번 같았다.

나는 이것을 '숨은 매도자 현상'이라고 부른다. 사업주 중 60퍼센트는 적절한 가격, 적절한 조건, 적절한 사람에게 사업을 넘길 의향이 있다.

그래서 나는 회의론자들에게 은근히 감사한다. 그들이 가능성을 보지 못하는 사이, 우리에게 더 많은 거래 기회가 생기니까.

당신이 사는 도시 어딘가에, 업종도 규모도 딱 맞는 사업체가 존재한다. 장담컨대, 당신이 찾는 바로 그 조건에 부합하는 사업이 분명 있을 것이다.

수십 년 동안 한 사업을 일구어온 누군가를 상상해보자. 자녀들의 학예회를 놓치면서까지 고객을 응대하고, 직원들에게 꼬박꼬박 급여를 지급하며 회사를 지탱해왔다. 그런데 이제 65세가 되었다는 이유로 '은퇴해서 골프나 치며 살라'는 말을 듣는다. 하

루아침에 '사장님'에서 '은퇴자'로 신분이 바뀌고, 인생의 목적도 갑작스레 사라진다. 그 허망함은 이루 말할 수 없다.

사업을 해본 사람이라면 안다. 사업 운영은 고된 일이다. 크리스마스 전날 아르바이트생이 갑자기 그만두기도 하고, 거래처가 대금을 떼먹기도 한다. 때로는 이 일이 제정신이 아닌 사람들만 할 수 있는 게임처럼 느껴지기도 한다.

하지만 많은 베이비붐 세대 사업주들은 여전히 일을 멈추지 못하고 있다. 은퇴 후 편안하게 살 만큼 저축하지 못했기 때문이다. 실제로 그들 중 절반 정도는 노후 자금이 전혀 없고, 있어도 충분하지 않다. 노후에는 생각보다 많은 돈이 든다.

사실 주변을 둘러보면 매각 의사가 있는 사업주들이 넘쳐난다. 적절한 매수자를 기다리고 있을 뿐이다. 사업과 고객을 존중하고, 직원들을 잘 챙기며, 오래 쌓아온 평판을 지켜줄 사람, 그리고 정당한 가격을 기꺼이 지불할 사람 말이다.

그들은 인생 2막을 원한다. 은퇴 후 칵테일을 홀짝이며 크루즈 여행을 떠나는 삶을 꿈꾼다. 이들 중 다섯 명 중 한 명은 사업에 지쳤고, 열 명 중 한 명은 건강 문제를 안고 있다. 대다수는 후계자가 없으며, 승계 계획도 세우지 않았다. 그저 '할 수 있을 때까지 버틴다'는 것이 유일한 계획이다. 사업주가 사업을 매각하려는 이유는 대부분 7가지 중 하나다.

◻ 사망
◻ 이혼

- 건강 악화
- 경제적 곤란
- 권태
- 이사
- 불화

이와 같은 상황은 당신에겐 첫날부터 수익을 낼 기회이기도 하다. 아프고 지쳐서 은퇴하고 싶을 때, 누가 사업을 인수하겠다고 제안하면 달콤하게 들리지 않겠는가?

다음 쪽에, 당신에게 딱 맞는 K를 찾기 위한 체크리스트가 준비되어 있으니 꼼꼼히 문항을 살펴보길 바란다.

이쯤에서 내가 자주 받는 질문이 있다.

"그런 숨은 매도자들은 도대체 어디서 어떻게 찾나요?"

정답은 간단하다. 돈은 컴퓨터 앞에서 마우스를 딸깍거리는 사람에게 가지 않는다. 발로 뛰는 사람에게 간다.

**"인터넷으로도 찾을 수 있지 않나요?"**

사업 인수는 부동산 거래와는 다르다. 집 매매의 90퍼센트가 온라인 광고를 통해 이루어지는 반면, 사업체 거래에서 온라인 비중은 고작 20퍼센트에 불과하다. 관련 온라인 플랫폼들이 활성화되고 있지만, 정말 좋은 사업체를 찾는 데는 한계가 있다. (내가 애용하는 도구는 bizscout.com이다. 아직 시장에 나오지 않은 매물들을 적극적으로 발굴해 소개해준다는 점이 가장 큰 장점이다. 참고로

| 항목 | 조건 | √ |
|---|---|---|
| | **숨은 매도자 적합성 체크리스트** | |
| 1 | 사업을 시작한 지 10년이 넘었는가? | |
| 2 | 업체의 연간 순이익이 14억 원 미만인가? | |
| 3 | 매수 경쟁이 거의 없거나 매우 적은가? | |
| 4 | 오프라인 사업인가? | |
| 5 | 현재 매도자가 5년 이상 소유했는가? | |
| 6 | 매도자가 사업 후계자를 두지 않았는가? | |
| 7 | 매도자의 나이가 은퇴 적령기인가? | |
| 8 | 은행 대출이 가능한가? | |
| 9 | 재무 상태 대비 적당한 가격인가? | |
| 10 | 재무제표가 불투명하지는 않은가? | |
| 11 | 매도자가 확고한 리더십을 가진 사람인가? | |
| 12 | 경영난을 겪고 있는가? | |
| 13 | 특정 사업을 선별적으로 사는 것이 가능한가? | |
| 14 | 매도자와 탄탄한 신뢰 관계를 맺을 수 있는가? | |
| 15 | 매도자가 일시금보다 꾸준한 현금흐름이나 장기적으로 더 큰 매각 금액을 선호하는가? | |
| 16 | 매도자가 사업 외에도 소득원을 가지고 있는가? | |

이 사이트가 너무 유용해서 결국 내가 인수했다.)

현실적으로 사업주 대부분이 고령자다. 당장 나의 아버지만 봐도 온라인 플랫폼에 사업 정보를 입력하고 재무제표를 올릴 분이 아니다. 더욱이 직원이나 고객, 거래처에 매각 의사를 알리고 싶어 하지 않는다. 온라인 광고를 내고 온종일 문의 전화를 받을 여유도 없다. 심지어 누군가 먼저 제안하기 전까지는 매각 자체를 생각해보지 않았을 가능성이 크다. 물론 사업 매매도 점차 온라인 중심으로 바뀌겠지만, 현재로서는 발품을 팔아야 한다.

결국 직접 문을 두드리고, 대화로 설득해야 한다는 뜻이다. 변호사, 회계사, 부동산 중개인, 상공회의소, 소규모 창업 센터 등에 먼저 자문하고, 관심 있는 사업체엔 직접 찾아가서 인사하고 친분을 쌓아야 한다. 문을 두드리기 전에, 알아둘 점이 있다.

- 소규모 사업주의 78퍼센트는 남성이다.
- 55퍼센트는 가업을 물려받은 사업가다.
- 58퍼센트는 이전에 다른 사업 운영 경험이 있다.

짐작할 수 있듯이, 사업 매각에는 감정적인 요소가 깔린 경우가 많다. 그 사업이 대대로 이어진 가업일 수도 있고, 돈보다 소중한 유산일 수도 있다. 그래서 그들은 사업을 올바른 사람에게 넘기고 싶어 한다. 직원과 고객을 존중하고, 브랜드 평판을 지켜줄 사람 말이다. 그러한 신뢰는 이메일이나 전화 몇 통으로는 얻기 어렵다.

'내가 더 잘 운영할 수 있다'는 식의 오만한 태도는 금물이다. 사업 가치에 대한 차가운 분석 자료나 최신 기술 동향, 본인의 재무 능력을 앞세우는 것도 역효과다. 여기서 철칙은 입을 다물고 귀를 여는 것이다. 대화 시작부터 사모펀드 회사들의 공격적인 접근과는 달라야 한다. 이 차별화된 접근법이야말로 수십억 원의 수익 기회를 가져다줄 것이다.

## 걸어다니는 광고판 전략

"코디, 지금부터 내가 하는 말 듣고 행복해서 기절하지는 말아줘." 새벽부터 인수 동업자의 잔뜩 신이 난 목소리가 전화 너머에서 들려왔다.

"지금 아침 6시야. 이 시간에 전화하려면 그럴싸한 이유가 있어야 할 텐데." 나는 잠도 덜 깬 상태로 투덜거렸다.

"우리가 인수할 완벽한 회사를 찾았어!" 과연 그에게는 내 아침잠을 깨울 만한 이유가 있었다. 내 동업자가 찾은 회사는 여러모로 이상적이었다. 사업주는 그의 지인이었고, 은퇴를 앞두고 있어 매각 의사도 확실했으며, 여러 사업을 운영하고 있어서 해당 사업에 애착이 엄청나지도 않았다. 게다가 인수 후 일정 기간 운영을 지원할 수 있었고, 매각가는 순이익의 2.5배에 불과했다 (온라인 사업체는 보통 5~10배에 거래된다). 매각 대금 중 30퍼센트는 매도자 금융으로 분할 지급할 수 있었고, 이미 우리의 거래처라서 시너지 효과를 기대할 수 있었다.

내 동업자는 원래 활발하고 사교적인 성격이지만, 특히 인수 거래를 할 때는 마치 부모님 신용카드를 들고 장난감 가게에 들어선 아이처럼 에너지가 폭발한다. 그리고 그의 판단이 옳았다. 우리는 그 소규모 온라인 사업을 저렴하게 인수하고, 기존 온라인 사업과 통합 운영할 수 있었다.

놀라운 건, 이 모든 일의 시작이 단 한 번의 악수였다는 사실이다. 그게 바로 사업 인수의 비결이다. 기회는 주변에 널려 있지만, 등잔 밑이 어두운 법이라 지나치기 쉽다. 내 동업자는 매도자의 아들과 동창이었는데, 그 아들은 아버지의 사업을 물려받을 의사가 전혀 없었다. 그래서 회사 매각을 고려하던 아버지에게 내 동업자를 소개해준 것이다. 덕분에 우리는 훌륭한 인수 기회를 잡았고, 사업주는 꿈꾸던 동남아 장기 휴가 자금을 마련할 수 있었다.

우리는 이 전략을 '걸어다니는 광고판 전략'이라고 부른다. 지금 당장 시작할 수 있을 만큼 간단하다.

우선, 만나는 모든 사람에게 자신을 사업 인수자로 소개한다.

안녕하세요, 코디라고 합니다. 저는 소규모 사업을 인수하는 일을 하고 있어요. 특히 회계나 마케팅처럼 전문 서비스업을 운영하시는 사장님들 중 은퇴를 고려하시는 분들과 이야기 나누고 싶습니다.

다음 전략은 소규모 사업장에 들어갈 때마다 가게를 칭찬하고 사장에게 말을 거는 것이다.

여기 정말 멋지네요! 혹시 사장님이 직접 운영하시는 건가요? 정말 대단하시네요! 저는 사실 이런 소규모 사업을 인수하는 일을 하고 있어요. 혹시 적절한 조건에 매각을 고려해보신 적 있으세요? 여기 제 명함이에요.

이 전략의 성패는 두 가지에 달려 있다. 첫째, 얼마나 많은 사장님과 직접 만나는가. 둘째, 내가 '사업 인수자'임을 아는 사람이 얼마나 많은가. 이 두 수치를 늘려가면 거래 제안이 속속 들어올 것이다. 사람들은 인수 기회 발굴을 너무 어렵게 생각한다. 그러나 이 책에서 딱 한 가지만 기억해야 한다면 바로 '걸어다니는 광고판 전략'이다. 이 전략 하나만 잘 써도 당신은 이미 절반은 성공한 것이다.

## 매각 의지가 있는 사업주를 찾는 7가지 방법

좀 더 전략적인 방법을 알고 싶은 사람들을 위해, 스스로 인식하지 못하고 있지만 사실은 매각을 원하는 사업주를 찾아내는 7가지 방법을 소개한다. 단, 모든 방법을 시도하는 것보다 자신의 상황이나 지역에 맞는 방법 하나를 선택하여 공략하는 편이 훨씬 효과적이다.

❶ 4명의 전문가 찾아가기: 여기서 말하는 전문가 4명은 회계사, 변호사, 부동산 중개인, 금융 고문을 말한다. 이들에게 연락해 관심 업종의 매물 정보가 있는지 문의하라. 친구나 지인들 중에

여기에 속하는 누군가가 있다면, 연락처를 얻어 매달 간단한 리마인드 이메일을 보내라. "안녕하세요, 회계사님. 지난 달에 인사드렸지요? 여전히 좋은 사업을 찾고 있습니다. 혹시 추천할 만한 거래가 있으면 알려주세요. 물론 수수료를 드리겠습니다. 감사합니다!"

❷ 아는 사업주에게 물어보기: 주변 사업주들은 훌륭한 정보원이다. 가까운 친구나 지인부터 시작해, 이전에 방문했던 가게 사장님들로 범위를 넓혀보라. '걸어다니는 광고판 전략'을 그대로 활용하면 된다.

❸ 중개인 네트워크 구축하기: 은행 직원, 사업체 중개인 등도 중요한 인맥이다. 우리 커뮤니티 회원 한 명의 페이스북에 이런 글이 올라왔다. "사업체 중개인을 찾습니다. 10점 만점에 10점인 중개인과 일해보신 분 계신가요?" 그러자 많은 사람이 댓글로 중개인뿐만 아니라 매도 희망자까지 추천했다!

❹ 지역 상공회의소 활용하기: 상공회의소는 지역 소규모 사업 정보의 집합체다. 정기 모임이나 행사에 참여해 인맥을 쌓고, 사업 인수 의사를 적극적으로 어필하라.

❺ 소규모 사업 개발 센터 방문하기: 소규모 사업 개발 센터는 무료 자원이 넘치는 보물 창고다. 지역 센터와 위성 사무소에서는 교육, 시장 조사, 계획 수립, 자금 조달, 비밀 상담 등 다양한 지원을 받을 수 있다.

❻ 거래 내역에서 기회 찾기: 지난 몇 년간의 신용카드 및 은행 거래 내역을 살펴보라. 최근 거래한 소규모 업체 중에서 인수

후보를 찾을 수 있다. 조경업자, 배관공, 건축업자, 회계사 등이 대상이 될 수 있다. 중요한 것은 해당 업체가 자신의 '거래 상자'에 부합하는 업체인지 확인하는 것이다.

❼ 45일 주기로 연락하기: 연락처 수집 후 팔로업 동의를 받았다면 달력에 알림을 설정해 45일마다 간단히 연락하라. 부담을 주지 않으면서도 잊히지 않는 빈도다. 우리 커뮤니티의 한 회원은 8년 전 처음 연락한 중개인과 보험 회사 인수 거래를 성사했다. 2~3개월마다 꾸준히 연락하며 관계를 이어온 덕분이었다. 가벼운 인사나 유용한 정보를 공유하며 관계를 유지하라. 커피를 한 잔 사거나 흥미로운 기사를 보내는 것도 좋은 방법이다.

우리 주변에는 생각보다 많은 사업주들이 매각을 고려하고 있다. 이들은 단순히 사업에서 손을 떼고 싶은 게 아니다. 자신이 일군 유산이 계속 이어지길 바란다. 그렇기에 매수자인 당신에게는 중요한 책임이 있다. 기존 직원들의 일자리를 지키고, 고객과의 관계를 유지하며, 사업주가 은퇴 후에도 안정적인 수입을 얻을 수 있도록 도와야 한다.

후보를 어느 정도 추렸다면, 이제 발품을 팔 차례다. 한가한 시간대에 관심 있는 사업장을 방문해 사장님과 대화해보라. 직접 방문이 어렵다면 전화나 이메일로 가볍게 의사를 타진해도 좋다. 다만 직접 얼굴을 보고 진솔한 관계를 쌓아야만 진짜 의미 있는 거래로 이어질 수 있다.

사업주와 대화할 때 너무 딱딱하거나 성급하게 굴면 오히려 마음을 닫을 수 있다. 편안한 분위기에서 자연스럽게 대화를 이어가면서, 적절한 순간에 다음과 같은 질문들을 던져보자.

- 이 사업을 어떻게 시작하게 되셨나요?
- 이 일을 선택하게 된 계기는 무엇인가요?
- 이 일을 하기 전에는 어떤 일을 하셨나요?
- 이 일의 가장 만족스러운 점은 무엇인가요?
- 사업을 운영하면서 가장 즐거운 순간은 언제인가요?
- 처음부터 다시 시작할 수 있다면, 어떤 점을 다르게 하고 싶으신가요?
- 일하면서 가장 어려웠던 점은 무엇인가요?
- 고객들이 가장 알아줬으면 하는 부분은 무엇인가요?
- 평소 하루 일과는 어떻게 되나요?
- 혹시 사업 매각을 고려해보신 적 있으신가요? 이유는요?
- 앞으로의 계획은 어떻게 되시나요?
- 사장님께 가장 중요한 가치는 무엇인가요?
    유산을 남기는 일? 직원들을 위한 배려?
    고객과의 관계 유지? 적정한 판매 가격? 평판 관리?

사업주는 당신의 동기와 역량에 관심이 있을 것이다. 그러니 대화를 시작하기 전, 왜 이 사업을 인수하고 싶은지 그 이유를 명확히 정리해두자.

물론 아첨할 필요는 없지만, 그들의 성과를 진심으로 인정하고 존중하는 태도를 보여주는 것이 좋다. 사업주와의 관계 형성에서 가장 간과하기 쉬운 부분은 '호감'이다. 사람은 나와 비슷한 사람, 나를 인정해주는 사람에게 끌린다. 사업주 역시 자신의 일에 진심으로 열정을 보이는 사람에게 사업을 넘기고 싶어 한다. 상식처럼 들려도 지나치기 쉬운 포인트다.

사업주의 매각 동기는 생각보다 복잡하고 미묘할 수 있다. 한두 번의 대화로 속마음을 전부 파악하긴 어렵다. 따라서 시간을 두고 신뢰를 쌓아가며 서서히 이야기를 끌어내야 한다. 이 과정에는 공감 능력과 섬세함이 필요하다. 이 부분은 추후 협상 단계에서 더 깊이 다룰 것이다.

자신의 능력, 열정, 전문성을 명확히 알고 있어야 한다. 단순한 자기 확신을 넘어, 사업주에게 신뢰를 주기 위한 핵심 조건이기 때문이다. 대부분의 소규모 사업은 누군가의 피와 땀, 눈물로 만들어진 결정체다. 그래서 사업주들은 믿을 수 있는 사람에게 자신의 사업을 넘기고 싶어 한다. 당신이 그 사업을 잘 운영할 준비가 되어 있다고 느낄 때, 사업주도 가격이나 지분 조건에서 더 유연해질 가능성이 크다.

과거는 가장 좋은 예측 도구다. 사업주는 당신의 경력과 이력을 통해 미래를 판단할 것이다. 하지만 취업 면접처럼 줄줄이 발표하듯 말할 필요는 없다. 그보다 어떤 상황에서 어떤 역량을 발휘해 어떤 성과를 냈는지, 실패를 통해 무엇을 배웠고 그 경험이 이후에 어떻게 도움이 되었는지 진솔하게 들려주는 것이 중요하다. 이러한 이야기는 비전과 실행력을 보여주는 강력한 무기다. 겸손한 태도를 유지하면서 자신감을 잃지 말자.

## 30분 안에 사업주 되는 어플 챌린지

이쯤 되면 이런 생각이 들 수도 있다. '너무 오래 걸리는 거 아니야? 더 빠르게 사업주가 될 수는 없을까?'

좋은 질문이다. 지금부터 돈 한 푼 안 들이고 몇 차례 대화만으로 현금흐름이 안정적인 레벨 1 또는 레벨 2 사업의 일부 지분을 확보하는 방법을 알려주겠다. 믿기 어려울 수 있지만, 실제로 효과가 입증된 방법이다. 나는 이 전략을 어플 챌린지라고 부른다.

**1단계: 금융 어플 열기**

먼저, 가장 자주 사용하는 모바일 결제와 송금 서비스 어플을 열고 송금 거래 내역을 살펴보라. 꾸준히 돈을 보내고 있는 업체나 사업자가 있는가? 내 경우, 다음의 서비스 제공자에게 정기적으로 돈을 이체하고 있었다.

- 청소 도우미
- 부동산 관리자
- 수리 업체

이제 자신에게 물어보라. 이 사업의 일부 지분을 갖고 싶은가? 이 사업이 성장하도록 돕고 싶은가? 만약 답이 '예'라면, 다음 단계로 넘어가자.

**2단계: 월간 지출 계산하기**

해당 서비스 제공자에게 한 달에 얼마를 지출하는지 계산해보자. 내 경우는 다음과 같다.

- 청소 도우미: 월 300만 원(내 집은 좀 크고 많이 더럽다)
- 부동산 관리자: 월 900만 원
- 수리 업체: 월 70만 원

**3단계: 연간 수익 추정하기**

다음으로, 이들이 얼마나 많은 고객에게 서비스를 제공하는지 조사해서 연간 수익을 추정해보자. 내가 파악한 수치는 이렇다.

- 청소 도우미: 연간 약 1억 2000만 원
- 부동산 관리자: 연간 약 4억 9000만 원
- 수리 업체: 연간 약 11억 원

**4단계: 내가 더할 수 있는 가치 정리하기**

이제 이런 의문이 들 수 있다. '소규모 업체 사업주가 나랑 수익을 나누고 싶어할까? 그냥 혼자 다 가져가고 싶지 않을까?' 여기서 사업주의 욕구를 정확히 파악해야 한다. 대부분의 사업주가 바라는 것은 다음 중 하나다.

☐ 더 많은 돈을 벌고 싶다.
☐ 일의 부담을 줄이고 싶다.
☐ 일을 더 효율적으로 하고 싶다.

이 중 하나라도 도울 수 있다면, 당신은 그들에게 실질적인 가치를 제공할 수 있다. 여기서 자신의 강점을 떠올려보라. 내 경우, 마케팅에 강점을 가지고 있다. 그런데 내가 매달 이용 중인 청소 도우미 서비스를 보니 웹사이트도 없고, 업체 로고도(심지어 업체명조차) 없고, SNS 마케팅도 전혀 하지 않는다. 부동산 관리자와 수리 업체도 비슷한 상황이다. 그렇다면 내 마케팅 역량으로 그들의 사업에 가치를 더할 수 있다.

**5단계: 사업주와 대화 나누기**

이제 실제로 사업주와 어떤 식으로 대화를 나누면 좋을지 살펴보자. 내가 청소 도우미 제인과 나눴던 대화를 예로 들겠다.

> 코디: 이 일 오래 하셨죠? 다른 집도 많이 청소하시나요?
> 제인: 네, 많이 해요.
> 코디: 그럴 줄 알았어요. 워낙 잘하시니까요. 혹시 직원도 두셨어요?
> 제인: 아니요, 저 혼자 하고 있어요.
> 코디: 아, 그렇군요. 사실, 제가 소규모 사업체의 확장을 돕는 일을 하거든요. 주로 마케팅을 통해 고객을 더

유치하고, 수익을 높이는 방식이에요. 웹사이트나 SNS 계정이 따로 없는 것 같은데, 혹시 있으신가요?

제인: 아, 그런 건 없어요. 그냥 지인 소개로만 일해요.

코디: 그렇군요. 혹시 사업을 더 키워볼 생각은 없으세요? 아니면 지금도 충분하다고 느끼세요?

제인: 음, 고민해본 적은 있어요. 근데 지금도 벅차서요.

코디: 맞아요. 혼자 운영하면 확장하기가 쉽지 않죠. 사실, 제가 좀더 편하게 사업을 키울 수 있도록 도와드릴 수 있을 것 같아서요. 고객을 더 확보할 수 있도록 마케팅을 지원하고, 매출이 늘어나면 일정 비율의 수익을 나누는 방식이죠. 워낙 일을 잘 하시고, 저도 서비스에 매우 만족하고 있어서요. 만약 사업을 조금 더 성장시켜보고 싶으시다면, 같이 해보실 생각 있으세요?

제인: 음… 네, 해볼 수 있을 것 같아요.

코디: 좋아요. 그럼 조금 더 구체적으로 이야기해볼까요? 조금 개인적인 질문일 수 있는데, 혹시 지금 이 사업으로 어느 정도 수익을 내고 계신가요? (참고로, 많은 사업주가 이 질문에 꽤 솔직하게 답한다!)

제인: 글쎄요, 작년엔 한 1억 2000만 원 정도 벌었어요.

코디: 와, 정말 대단하시네요! 그럼 현재 고객 수는 얼마나 되고, 앞으로 최대 몇 명까지 감당할 수 있을지 한번 같이 정리해볼까요? 만약 제가 도와드리면, 이

> 사업이 얼마나 더 성장할 수 있을지 좀더 구체적으로 말씀드릴게요.

### 6단계: 사업 성장 가능성 계산하기

이제 본격적으로 사업을 얼마나 키울 수 있는지 계산해보자. 제인의 경우, 청소 한 건당 평균 40만 원을 받고, 1년에 약 300건을 처리한다.

> 코디: 만약 청소 단가를 55만 원으로 올리고, 연간 작업 횟수를 500건으로 늘린다면 매출이 2억 7500만 원 정도로 늘겠네요. 그 정도 목표, 현실적으로 가능할 것 같으세요?
>
> 제인: 흠, 직원이 있다면 가능할 것 같아요.
>
> 코디: 그 목표를 달성하려면, 매주 4명 정도의 신규 고객을 추가로 유치해야 해요. 만약 제가 그 부분을 책임진다면, 해보실 수 있겠어요?
>
> 제인: 네, 할 수 있겠어요.
>
> 코디: 좋아요! 그럼 이렇게 제안 드릴게요. 지금처럼 연 매출 1억 2000만 원은 전부 가져가세요. 대신, 제가 도와드려서 1억 2000만 원을 초과하는 추가 매출이 생기면, 그 초과분의 25퍼센트만 제 몫으로 해주세요. 계산하기 쉬운 예를 들어볼게요.
>
> 총 매출이 2억 2000만 원이 되면 초과분 1억 원 중

> 7500만 원을 가져가시고, 2500만 원만 제가 받는 거죠.
> 그리고 이건 어디까지나 '제가 유치한 신규 고객'으로부터 발생한 추가 수익에만 해당해요. 제인 씨가 원래 갖고 계신 고객 매출은 100퍼센트 제인 씨 몫이에요.
>
> 제인: 네, 공평한 것 같아요. 그런데 구체적으로 어떻게 진행하실 건가요?
>
> 코디: 우선 웹사이트, SNS 계정, 간단한 광고 캠페인을 통해 신규 고객이 유입되도록 할게요. 비용을 부담하실 필요는 없어요. 세팅은 제가 전부 맡겠습니다. 고객 유입이 시작되면 매달 발생한 추가 수익에 대해 저한테 배분만 해주시면 돼요. 다만, 수익 확인을 위해 거래 내역을 공유해주시면 좋겠어요. 자동 결제 시스템을 만들어 놓으면 더 간편할 수 있어요. 이렇게 진행해도 괜찮으실까요?
>
> 제인: 네, 좋아요. 그렇게 해봐요!

혹시 이 대화를 읽으며 불편함을 느꼈는가? 내가 청소 도우미를 부당하게 이용한다고 생각했는가? 그렇다면 돈과 가치에 대한 관점을 다시 생각해볼 필요가 있다. 이런 거래는 흔히 노동 지분Sweat Equity 또는 지분 분배 거래라고 불린다. 컨설턴트들이 자주 활용하는 방식이다. 나와 일한 청소 도우미는 내 도움으로 마케팅 시스템을 구축하고, 신규 고객을 유치해 실제로 연간 수익을 늘릴 수 있다. 나는 초기 투자금 없이 그 증가분의 25퍼센트를 받는다. 따라서 양쪽 모두에게 이익이 되는 구조다.

나는 같은 방법으로 팟캐스트 제작사와 협업하여 매달 1000~2000만 원의 수익을 얻었다. 그 회사 대표는 영업과 신규 고객 확보에 어려움을 겪고 있었고, 새로운 고객 한 명당 월 400만 원의 가치가 있었다. 내가 친구들과 팔로워들을 대거 소개한 덕분에 회사는 빠르게 성장했다. 그 보상으로 매달 수표를 받았다. 지금은 대기업과도 비슷한 구조로 협력하고 있다. 규모는 달라도 원리는 똑같다.

이것이 바로 어플 챌린지의 본질이다. 큰돈을 투자할 필요도 없고, 파산 위험도 없다. 단지 가치를 제공하고, 그에 대한 수익을 나누는 깔끔한 거래일 뿐이다. 자, 이제 당신이 관심 있는 서비스 운영자들과 대화를 나눠보라. 누가 알겠는가? 올해 남은 기간에 쏠쏠한 월급을 받게 될지도 모른다.

| 어플 챌린지 | |
|---|---|
| 1단계 | 소비 내역 확인: 지난 두 달간의 이체 내역을 불러온다. |
| 2단계 | 목록 작성: 두 달 연속 송금한 소규모 사업체를 정리한다. |
| 3단계 | 소유 의향 검토: 그들의 사업 일부를 소유하고 싶은지 자문한다. |
| 4단계 | 사업주와 대화: 대화를 통해 사업 성장 및 수익 증가에 관심이 있는지 파악한다. |
| 5단계 | 제안: 대화 결과를 분석하고, 협력 방안을 제안한다. |

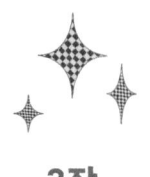

**3장**

# 정확한 평가가
# 모든 것을 결정한다

**우편함으로 10억을
벌 수 있을까?**

리사 송 서튼은 그야말로 존재감이 강한 사람이다. 158센티미터의 아담한 키에서 한국 이민자 특유의 근성과 에너지가 뿜어져 나온다. 나에게는 알짜배기 소규모 사업을 찾는 데 큰 도움을 준 고마운 지인이기도 하다. 현란한 네온사인이 가득한 도시 라스베이거스에서 리사는 도박도, 부동산도 아닌 '우편함 사업'으로 놀라운 성공을 거뒀다.

우리는 소규모 사업 관련 콘퍼런스에서 처음 만났다. 나는 여느 때처럼 정장 재킷에 청바지, 운동화 차림이었고 리사는 몸에 꼭 맞는 원피스에 하이힐을 신고 나타났다. 솔직히 처음에는 잘 나가는 사모펀드 출신인 내가 리사에게 배울 게 별로 없으리라고 생각했지만 그건 큰 오산이었다.

컨트리 음악의 여왕 돌리 파튼은 이런 명언을 남겼다. "나는 여자처럼 보이지만 남자처럼 생각하죠. 사람들이 내가 뭘 모를 거라 생각할 때쯤이면, 난 이미 돈을 챙겨 떠난 다음이에요."

리사에게도 그런 '돌리 정신'이 있었다. 리사는 부동산 전문 변호사로 일하며 여러 사업을 운영했다. 부동산 프랜차이즈, 다세대 주택, 신 시티 컵케이크(술이 들어간 컵케이크), 수영복 브랜드까지 다양한 사업을 운영하고 있었지만, 내 눈을 사로잡은 건 의외로 가장 화려함과는 거리가 먼 사업이었다.

2021년, 리사는 어떤 상황에서도 안정적으로 수익을 낼 수 있는 사업에 투자하고 싶어 했다. 경기 침체가 오면 컵케이크도, 부동산도, 수영복도 팔기 어려울 테니까.

그래서 리사는 자문했다. '경기와 무관하게 사람들이 꾸준히 돈을 내는 건 뭘까?' 그때 떠오른 것이 바로 '공유창고'였다. 수년간 미국 부동산 분야에서 가장 높은 수익률 기록한 업종이기도 했다. 하지만 문제는 초기 투자 비용이었다. 땅값도 비싸고 시장도 이미 포화 상태였다. 그러다 문득, 아주 작은 창고가 떠올랐다. 우편함이었다. 자신의 사설 우편함을 떠올린 리사는 깨달았다. '자주 쓰지도 않는데 매달 꼬박 2만 원이 넘게 빠져나가고 있네? 만약 이런 공간을 수백 개, 수천 개 임대할 수 있다면?'

리사는 사설 택배 대리점 세 곳을 운영하는 친구에게 전화를 걸었다. "수익을 더 늘릴 수 있다면, 어떤 방법을 쓰고 싶어?" 리사가 물었다. "우편함을 더 늘리고 싶어."

리사의 친구가 말한 우편함 사업의 장점은 이렇다. 배송 업무는 계절에 따라 들쭉날쭉하지만, 우편함은 꾸준히 돈이 들어온다. 다만 사설 택배 기업은 우편함 수를 제한하고 있어 수익 확대에 제약이 있다. "다시 시작한다면 독립 매장을 열고 가능한 한 많은 공간을 우편함으로 채우고 싶어."

리사는 더 깊이 조사해서 다음과 같은 사실을 알게 되었다.

- 우편 서비스 사업은 연 5.3퍼센트 성장 중이다.
- 라스베이거스는 신규 창업이 활발해 우편함 수요도 꾸준히 증가하고 있다.
- 인근 경쟁 업체의 우편함은 이미 매진 상태이며, 대기 명단까지 존재한다.

확신이 생긴 리사는 마침내 행동에 나섰다.

몇 년째 이용해온 택배 대리점에 들른 리사는, 사업주와의 대화 중 놀라운 이야기를 들었다. 고작 33평 남짓한 이 작은 매장이 14억 원이 넘는 연 매출을 내고 있다는 것이었다.

리사는 곧바로 독창적인 제안을 던졌다.

"제가 2주 동안 가게에서 직접 일하면서 표준운영절차 매뉴얼을 만들어 드릴게요. 사례금도 드리고, 이후에 제가 매장을 열게 되면 사장님 영업권역에선 절대 경쟁하지 않겠다고 약속드릴게요."

"견습생처럼 일하겠다는 건가요?"

"네, 맞아요. 모든 걸 직접 배우고 싶어요."

"좋아요. 한번 해봅시다."

그렇게 리사는 견습생으로 2주간 매장에서 일을 시작했다.

가게 문을 여는 순간부터 닫을 때까지 포장, 고객 응대, 계약서 작성, 우편물 분류, 장비 사용까지 모든 업무를 직접 체험하며, 전 과정을 꼼꼼히 기록했다. 직접 경험해본 뒤 마음에 들지 않으면 사업을 포기할 생각이었다.

하지만 결과는 반대였다. 리사는 이 일을 마음에 쏙 들어했다.

인력을 어떻게 고용하고, 가게를 어떤 식으로 운영할지 전체적인 그림이 그려지기 시작했다.

2주 후, 리사는 매뉴얼을 완성해 사장에게 전달하고, 새로운 매장 입지 탐색에 나섰다. 경쟁이 덜한 개발 지역을 골라, 부동산 전문가로서의 경험을 살려 유리한 조건의 임대 계약을 따냈다. 첫 매장은 쇼핑센터에, 두 번째 매장은 첫 번째 매장에서 좀 더 떨어진 도심에 열었다. 카운터, 우편함, 포장재, 간판 등을 포함해 총 설비 비용은 6000만 원이 채 되지 않았다.

리사는 채용 전략도 남달랐다. 첫 번째 매장에서는 주로 군인의 가족들을 채용했다. 이들은 책임감도 강하고 택배를 자주 이용하는 군인 네트워크를 갖추고 있었다. 또 일에만 집중하는 성향도 사업 운영에 도움이 됐다. 반면, 두 번째 매장에서는 풀파

티에서 일하던 서빙 직원과 수영복 모델을 채용했다. 이들은 취객들의 성희롱과 무더위에 지쳐 있었다. 리사는 이들에게 운동화를 신고 편하게 일할 수 있는 일터와 지분 소유 기회를 제공했다. 그러자 많은 여성이 하이힐과 수영복을 벗어 던지고 합류했다.

리사의 우편함 사업은 첫해부터 흑자를 냈고, 2년 차에는 연 매출 4억 원, 3년 차에는 연 매출 7억 원으로 엄청나게 성장했다.

리사의 사례는 우리가 지금까지 배운 내용을 현실에 어떻게 적용할 수 있는지 생생하게 보여준다.

그는 처음부터 자신이 원하는 바를 정의했다. 경기 불황에도 끄떡없는 안정적인 수익을 원했고, 자기 기준에 딱 맞는 구체적인 조건들도 정해 놨다.

그리고 곧바로 행동으로 옮겼다. 이메일로 매물 정보를 받거나 웹사이트에서 기회를 찾는 대신, 평소에 자주 가던 택배 대리점에 직접 찾아가서 사장님과 이야기를 나눴다. 궁금한 점을 솔직하게 물어보고, 대화를 나누면서 더 좋은 사업 모델을 생각해 냈다. 심지어 그 가게를 성공적으로 운영하는 사장님을 설득해서 사업 노하우와 비법을 전수받았다. 리사는 내가 예전에 했던 실수를 되풀이하지 않았다. 새로운 바퀴를 만들 필요 없이, 이미 잘 굴러가는 바퀴를 바로 사용한 셈이다.

다음으로, 자신의 강점을 정확히 알고 적극적으로 활용했다. 부동산을 운영했던 경험을 살려서 유리한 조건으로 임대 계약을 맺고, 일하고 싶어 하는 여성들을 찾아내서 단순한 고용이 아니라 함께 성장하는 구조를 만들었다. 리사는 온종일 카운터에서 우표만 붙이는 사람이 아니었다. 지역사회에서 새로운 사업 기회를 찾고, 사업 확장 전략을 끊임없이 고민했다.

무엇보다도 리사는 가치 평가와 실사를 철저히 거쳤다. 뒤에서 이 과정을 구체적으로 배워볼 것이다. 쉽지는 않지만, 절대 건너뛰어서는 안 될 단계다.

리사의 사례처럼 올바른 단계를 따르면 성공할 수 있다. 이 모든 과정은 검증된 성공 공식이다.

## 빠르고 정확한 평가를 위한 기준 세우기

사업 인수는 결혼과도 같다. 누구도 데이팅 어플에서 상대 프로필만 보고 곧장 청혼하지 않는다. 심지어 운명의 상대를 찾은 사람들도 절반은 결국 이별한다. 결혼 실패(이혼)를 겪어본 내가 사업 실패(폐업)를 피하는 법을 알려주겠다.

실제로 사업 성공률은 결혼 성공률보다 높다. 단, 문제투성이 사업만 피한다면 말이다. 성공 확률을 높이기 위해서는, 전체 성과의 80퍼센트를 좌우하는 20퍼센트의 핵심 요소를 찾아야 한다. 사업 인수 시 나는 사업체가 아니라 '안정적인 현금흐름을 산다'는 생각으로 접근한다.

빨래방이든 세차장이든 회계법인이든, 현금흐름이야말로 사업의 생명줄이다. 따라서 인수 전에 반드시 다음 4가지 기준을 점검한다.

## 현금흐름이 반드시 충족해야 할 4가지 요건

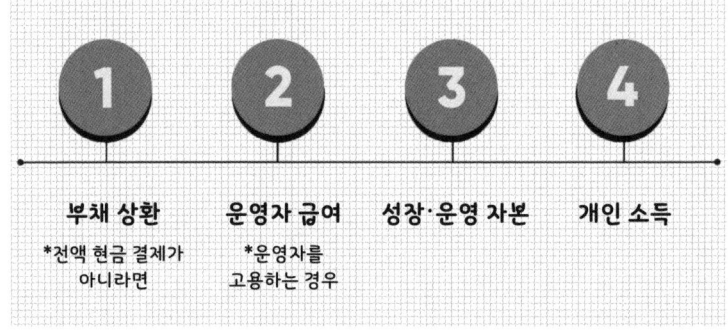

❶ 부채 상환·금융 비용: 사업이 현재의 부채와 융자를 무리 없이 감당하고 있는가?

❷ 운영자 급여: 내가 직접 관여하지 않아도, 운영자를 고용할 충분한 인건비가 나오는가?

❸ 성장 자본: 미래 성장을 위한 재투자 여력이 있는가?

❹ 개인 소득: 모든 비용을 제외하고, 내가 가져갈 수 있는 소득이 충분한가?

이 3단계 항목을 충족한다면, 위험 수준을 판단할 차례다. 다음 3단계 테스트를 활용해 해당 사업이 얼마나 안정적으로 수익을 창출할 수 있는지 평가해보자.

### 테스트 1: 지루한 사업인가?

정말 지루한 사업이 맞는지 확인해보는 4가지 조건이 있다.

- 구식?: 혁신이 거의 없는 사업. 겉보기에 낡고 비효율적으로 보이는 사업은 오히려 매수자에게는 기회의 금광이다. 예를 들어, 2008년식 웹사이트를 그대로 사용하고, SNS 계정이 없고, 고객 후기나 별점이 없고, 여전히 팩스와 종이 계약서를 사용하는 사업이다. 이런 사업은 마케팅이나 시스템 개선만으로도 엄청난 성장을 할 수 있다.

- 오래된?: 오랜 기간 운영된 사업. 나는 갓 창업한 스타트업이나 주목받는 트렌디한 업종보다 5년 이상 안정적으로 운영된 사업을 선호한다. 이유는 간단하다. 충성 고객이 있고, 지역사회에서 인지도가 높기 때문이다. 린디 효과를 기억하는가? 이미 오래된 것이 오래 살아남는다.

- 약한?: 경쟁자가 게으르고 무기력한 사업. '약하다'는 건 경쟁자가 약하다는 뜻이다. 예를 들어, 시간 약속 잘 지키고 자동 청구 시스템, 작업 후 문자 알림까지 제공하는 배관업체? 현실엔 드물다. 기본만 잘해도 경쟁 우위를 가질 수 있다는 뜻이다.

- 간단한?: 복잡하지 않아 누구나 운영할 수 있는 사업. 아이에게도 설명할 수 있을 정도면 이상적이다. ("여기서 커피 한 잔 마시면 자동차를 반짝반짝 닦아 준단다.") 복잡한 기술이나 연구 개발이 필요한 사업은 피하자. 수요는 높되 단순한 사업이 좋다. 다만 여기에 자동 결제, 고객 관리 시스템 같은 디지털 도구를 도입하면 속도와 생산성을 높여 고객을 늘리고, 더 많은 돈을 벌 수 있다.

구식이고 오래됐으며 경쟁은 약하고 단순한 사업, 그게 바로 당신이 찾아야 할 황금 기회다.

## 테스트 2: 돈이 되는 사업인가?

괜찮아 보이는 지루한 '사업'을 찾았다면, 이번엔 돈이 되는 사업인지 점검해야 한다. 여기에도 4가지 조건이 있다.

- 매수 기본 원칙: 현금이 빠져나가는 사업이 아니라, 현금이 들어오는 사업을 인수해야 한다. 월간 구독, 유지보수 계약, 멤버십 회비 등 지속적이고 예측 가능한 수익 모델이 있는 사업은 고객층이 분산돼 있고, 수익도 안정적이다.
반면, '먼저 일하고 나중에 돈이 들어오길 기도하는' 사업은 위험하다. 행사 대행, 계절성 매장, 미술 갤러리, 컨설팅, 기술 스타트업 등이 이에 해당한다. 나는 인수 후 90일 안에 현금흐름형으로 전환할 확신이 없는 사업체는 절대 사지 않는다.

- 불황 저항성: 경기 침체에도 버틸 수 있는가? 예를 들어, 불경기에도 변기가 막히면 수리를 해야 한다. 배관 수리는 불황에 강한 사업이다. 반면, 맞춤 액자가 깨졌다면 사람들은 저렴한 액자로 대체하려 할 것이다. 맞춤 액자 제작은 불황에 취약한 사업이다.

- 가격 인상 여력: 가격 인상이 가능한 구조인지 따져본다. 대부분의 소규모 사업은 적정가보다 훨씬 낮은 가격으로

서비스를 제공하고 있다. 하지만 정기적으로 가격을 올리는 사업체는 전체의 3분의 1도 안 된다.

이 부분에서 개선 여지를 찾을 수 있다.

- 기술 도입 가능성: 효율을 높일 수 있는 기술이 쉽게 적용 가능한가? 팩스나 수기 장부 대신 디지털 도구를, 수동 결제 대신 자동 청구 시스템이나 고객 관리 소프트웨어를 도입할 수 있다면, 생산성과 수익성이 크게 향상될 수 있다.

나는 최근 이 테스트를 활용해 한 온라인 교육 회사를 인수했다. 미디어 관련 분야에서 인수 대상을 찾던 중 실적이 부진하고 관리가 소홀해 보이는 교육 플랫폼 하나가 눈에 띄었다. 사업주가 매각을 고려하고 있을 가능성을 생각하고, 바로 돈이 되는 4가지 기준에 맞춰 평가에 들어갔다.

웹사이트 트래픽과 구매 전환율(2~4퍼센트)을 분석한 결과, 연 매출 약 1억 4000만 원, 순이익은 약 2800만 원으로 추정됐다. 직접 매출 자료를 요청할 수도 있었지만, 인수 전 사전 검토가 우선이었다.

불경기에도 사람들은 자기계발을 멈추지 않는다. 특히 온라인 교육은 경기 침체기에 더 주목받는 경우가 많다. 따라서 해당 사업은 불황에도 강하다고 판단했다.

당시 콘텐츠 이용료는 월 4만 원으로 지나치게 저렴했다. 인수 후 가격 인상 여지가 충분했다.

| 현금이 들어오는 사업 인수 | 불황 저항성 | 물가 상승과 가치 상승에 따른 가격 인상 | 기술 도입 기능성 |

　소셜 미디어 마케팅, 고객 응대 자동화 도구 등 디지털 시스템이 전혀 없어서, 개선 여력이 뚜렷했다.

　테스트 결과가 긍정적이었기에, 나는 사업주에게 이메일을 보냈다. "적절한 가격에 매각할 의향이 있으신지 문의하고 싶습니다." 보통 순이익의 2~5배 수준으로 거래한다는 점도 함께 밝혔다.

　이후 이메일 12통, 통화 2번, 화상 미팅 1번을 거쳐 최종 계약을 체결했다. 3개월간 인수인계 기간을 포함하는 조건이었다. 인수 후 나는 개선 작업을 진행했다. 웹사이트를 재설계하고, 이메일 마케팅 시스템을 구축하고, 영업 파이프라인을 정비하고, 가격을 월 40만 원 또는 연 144만 원(연간 결제 시 70퍼센트 할인)으로 인상했다. 가격 인상 후 고객의 3퍼센트가 이탈했지만, 전체 수익은 오히려 증가했다.

**테스트 3: 운영자를 고용할 수 있는가?**

충분한 이익이 나지 않으면 '사업체'를 산 게 아니라 '일거리'를 산 것이다.

그렇다면 어느 정도 이익이 나야 충분하다고 볼 수 있을까? 유능한 운영자에게 월급을 주고도 본인이 원하는 만큼 가져갈 정도는 되어야 한다.

내 기준은 명확하다. 연간 개인 수익 1억 4000만 원 이하인 사업은 인수하지 않는다. 따라서 운영자 급여 1억 4000만 원에 개인 수익 1억 4000만 원을 더해, 연 순이익이 최소 2억 8000만 원 이상 나야 한다고 본다.

사업체가 이런 구조를 충족하는지 반드시 점검하라. 물론 초반에는 본인이 직접 운영할 수도 있다. 나 역시 첫 사업은 직접 운영하며 시작했다. 하지만 궁극적으로는 운영자를 고용해도 돌아가는 구조여야 한다. 그 구체적인 방법은 이후 3부에서 다룰 예정이다.

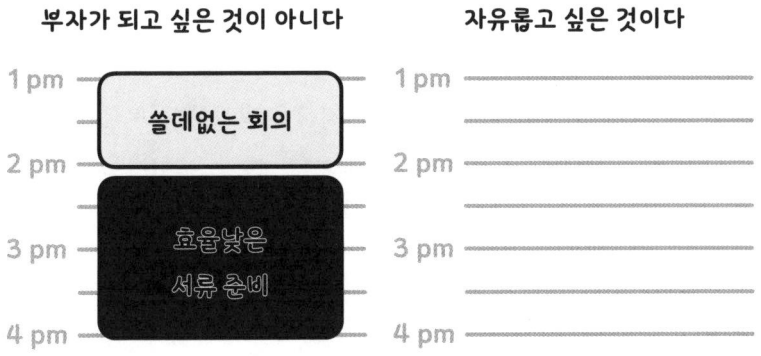

3장 정확한 평가가 모든 것을 결정한다

이처럼 지루한 사업인지, 돈이 되는지, 운영자를 고용할 수 있는지 확인하면 사업의 가치를 빠르게 판단할 수 있다. 이 3단계 테스트를 모두 통과했다면, 이제 본격적인 실사 단계로 넘어갈 차례다.

## 실사를 안 해서 90일 만에 170억 원을 날린 이야기

> 신뢰하되 검증하라.
> _러시아 속담

몇 년 전, 나는 동료들과 함께 소규모 기업에 투자할 계획을 세웠다. 회사 이름을 밝히지 않은 이유는 곧 알게 된다.

CEO는 인상 좋고 붙임성 있는 젊은 남성이었다. 엑셀을 잘 다루고 숫자 감각이 뛰어났다. 덕분에 실사도 순조롭게 진행됐다. 세금 신고서, 재고 목록, 손익계산서 등 모든 자료가 말끔했다. 특히 연 매출이 1년 사이 두 배로 성장했고, 시장 규모도 무려 7조 원 규모로 커질 전망이었다. 우리는 이 기회를 놓칠 수 없다고 판단했고, 170억 원을 투자해 대주주 지분을 확보했다. 자금은 생산량 확대, 원자재 확보, 인력 채용, 신제품 개발에 투입할 예정이었다. 모든 것이 순조로워 보였다.

하지만 몇 달 후, CEO에게서 다급한 전화가 걸려왔다. 그가 떨리는 목소리로 말했다. "지금 당장 회사로 와주셔야겠습니다."

"무슨 일이죠?" 내가 물었다.

"그러니까 그게…… 자금이 2주 후면 바닥납니다."

말문이 막혔다. '…어떻게 170억 원이 세 달 만에 사라질 수 있지?'

우리는 즉시 문제 해결 전문가들을 파견했다. 재무 자료를 다시 들여다보자 충격적인 사실들이 드러났다. 그 CEO는 회사 자금으로 두 명의 애인에게 아파트를 임대했고, 존재하지도 않는 직책을 만들어 가족에게 급여를 지급했으며, 투자금으로 매춘과 마약 파티를 벌이고 있었다.

우리는 그를 소환해 즉시 해고를 통보했다. 그는 황당하다는 표정으로 "제가 CEO인데요?"라고 되물었다.

"이봐요, 당신은 회삿돈을 빼돌린 사람이에요. 잘리는 게 당연하죠. 훔친 돈에 대해서도 책임을 물을 겁니다."

우리는 그를 해고한 뒤 횡령 혐의로 소송을 제기했다. 그는 되레 부당 해고와 명예훼손으로 맞소송을 걸었지만, 두 개의 소송 모두 패소했다.

다행히 회사는 무너지지 않았다. 새로운 운영자가 선임되어 사업은 안정화되었고, 각종 상을 받으며 성장한 끝에 더 큰 회사에 인수되었다.

이 이야기의 교훈은 단순하다. 투자 규모가 클수록, 실사는 더 냉정하고 철저해야 한다. 무조건 신뢰하지 말고, 반드시 검증하라.

**1차: 기초 실사**

사업 인수 협상에 앞서 반드시 실사를 진행해야 한다. 매도자가 제시한 매출, 수익, 고객, 경쟁사, 인력, 운영 방식 등이 사실인지 공식적으로 검토하는 과정이다. 이는 곧, 인수 제안을 하기 전 사업의 건전성과 미래 전망을 확인하는 절차다.

매도자는 의도적으로 혹은 무의식적으로 정보를 누락하거나 왜곡할 수 있다. 최근 주요 고객을 잃었거나, 불법 체류자를 고용 중일 수도 있다. 회계 오류로 인해 실제보다 수익이 부풀려졌을 수도 있고, 발표된 수익과 세무 신고 수익이 다를 가능성도 있다. 다양한 리스크를 염두에 두고 확인해야 한다.

실사는 보통 기초 실사와 심층 실사의 두 단계로 이뤄진다. 기초 실사는 인수 제안 전에 이뤄지며, 사업 가치의 대략적인 판단이 목적이다. 이때 매도자에게 요청하는 자료는 다음과 같다.

- 최근 3~6년간의 재무제표
- 연간 및 월별 비용 내역
- 연간 및 월별 매출 내역
- 자산 및 장비 목록
- 사업장 사진
- 임대차 계약서
- 사업 개요 또는 요약 보고서

매도자는 여전히 사업을 운영 중이므로, 모든 자료를 즉시 제공하기는 어렵다. 이 단계에서는 과도한 요청을 피하고, 매도자가 부담 없이 자료를 제출할 수 있도록 협조하는 태도가 중요하다. 핵심은, 돈과 시간을 과도하게 쓰지 않아도 얻을 수 있는 사업의 기본 정보만으로 검토를 계속할지 결정하는 것이다. 우리 커뮤니티에서도 이 단계에서 최대한 효율적으로 결정을 내릴 수 있게, 체크리스트를 만들어 활용한다. 다음 쪽에서 확인할 수 있다.

**2차: 심층 실사**

1차 실사에서 사업이 유망하다고 판단되면, 심층 실사 단계로 넘어간다. 이때 매도자가 인수의향서Letter of Intent, LOI를 요구할 수 있다. 비구속 조건nonbinding으로 작성하되, 가능하면 법률 전문가의 검토를 받는 것이 바람직하다.

이 단계에서는 단순한 소득세 신고서만으로는 부족하다. 상세 재무제표, 주요 계약서, 사업 구조 및 내규, 보험 및 법적 문서, 직원 구성 및 급여 내역, 경쟁사 및 시장 정보, 현금흐름 및 신용 정보 등을 전반적으로 확인해야 한다.

특히 중요한 것은 손익분기점 분석이다. 즉, 인수 후 투자금 회수에 걸리는 시간을 수치로 예측하는 것이다.

많은 초보 인수자가 이 단계에서 부담을 느낀다. 그러나 모든 항목이 필요한 것은 아니며, 사업 규모가 작을수록 구조는 단순하다. 핵심은 재무 데이터의 신뢰성과 리스크 및 법적 책임을 파악하는 것이다. 경험자 또는 전문가의 도움을 받는 것이 좋다. 인수자 커뮤니티에 참여하는 것도 훌륭한 전략이다.

| 기초 실사 체크리스트 |||
|---|---|---|
| **1단계 - 정보 수집** |||
| 의사결정 포인트 | 기준·행동 | 다음 단계 |
| 기본 정보 또는 온라인 매물 정보 평가 | 해당 거래가 거래 상자에 포함되는가? (핵심 요소·주요 기준 확인) | 예→ 2단계 평가진행 아니오→ 거래 포기 |
| **2단계 - 평가** |||
| 의사결정 포인트 | 기준·행동 | 다음 단계 |
| 재무 정보 검토 | 거래 계산기에 최대한 많은 데이터를 입력하기 | 상세 평가 진행 |
| 사업 안정성 및 위치 평가 | • 사업성이 좋은가? (매출이 안정적 또는 증가세인지, 이윤이 높은지, 판매자 재량 수익, 순영업소득, 이자·세금·감가상각비 차감 전 수익이 충분한지) <br> • 시장성과 입지가 좋은가? <br> • 중대한 결함이 있는가? | 예→ 계속 평가 아니오→ 거래 포기 |
| 요구 가격 및 재무 건전성 평가 | • 합리적인 가격인가? <br> • 소규모 사업체: 판매자 재량 수익 배수가 적절한가? <br> • 상업용 부동산: 자본 수익률이 대출 금리+1%를 넘는가? (현금흐름이 충분한가?) | 예→ 제안·협상 진행 아니오→ 거래 포기 |

실사 항목은 사업 유형에 따라 달라진다. 예를 들어 빨래방의 경우, 세탁기에 투입된 동전 수량을 무작위로 조사할 수 있다. 전기료, 유지보수 계약, 고장 대응 여부는 물론, 인근 임대료와 비교하여 임대 조건이 적정한지도 확인해야 한다.

주의할 위험 신호는 다음과 같다.

- 현금흐름 불일치: 세무 신고 수익과 실제 수익이 다르면 조작 가능성이 있다. 반드시 세무 신고를 기준으로 평가해야 한다.
- 악성 후기와 별점: 지속적인 악성 리뷰는 꼭 거래 포기 사유는 아니지만, 협상 시 인수가를 낮출 근거로 활용할 수 있다. 다만 공공 민원이 여러 차례 접수된 경우는 거래를 포기하는 게 낫다.
- 필수 면허 미보유: 법적 요건을 무시하거나 괜찮다고 주장하는 경우, 경고 신호로 간주해야 한다.

### 3차: 전문가 활용하기

이제 '나만의 가상 이사회'를 활용할 때다. 나는 보통 회계사와 변호사에게 실사 자료 검토를 맡긴다. 회계사는 세금 신고서, 영수증, 재고 목록 등을 검토하여 숫자 불일치나 이상 징후를 확인한다. 변호사는 각종 계약서와 인사 관련 서류를 점검해 소송 위험이나 거래처 분쟁 가능성을 살핀다.

업계 전문가의 조언도 중요하다. 예컨대, 리사 송 서튼처럼 업계 운영자에게 실전 노하우를 배우는 것이다. 가볍게 점심 한 끼 대접하면 기꺼이 조언해줄 업계 베테랑들이 있을 것이다. 네트워킹이 어렵다면 짧은 유료 상담도 훌륭한 대안이다. 한 시간의 조언이 수천만 원의 손실을 막아줄 수 있다.

부동산 관련 거래라면 부동산 중개인이나 컨설턴트에게 자문하고, 유사 매물 정보를 요청할 수 있다. 동업 조합도 진입 전략과 시장 정보를 얻기에 좋다. SNS도 활용할 수 있다. 레딧이나 페이스북에 궁금한 점을 올려서 의견과 아이디어를 얻을 수도 있다. 전문가 대부분은 자신의 지식을 나누는 데서 보람을 느낀다. 너무 주저하지 말자.

더 넓은 시각으로 위험을 점검하라. 업종 특유의 리스크는 무엇인가? 시장 변화나 기술 진보가 어떤 영향을 줄까? 매출은 특정 고객군에 편중되어 있는가? 주요 공급업체 의존도는 얼마나 되는가? 입지 조건이나 주변 개발 계획이 수익에 영향을 미칠 수 있는가?

현장 직원의 목소리도 들어라. 현재 직무에 만족하는가? 다른 역할에 관심이 있는가? 본인이 운영자라면 사업을 어떻게 개선하고 싶은가? 단, 매도자는 직원에게 매각 사실을 알리고 싶지 않을 수도 있으니 신중히 접근해야 한다.

## 인수 실사 시 주의해야 할 빨간불

돈을 버는 첫 번째 규칙은 돈을 잃지 않는 것이다.

두 번째 규칙은 첫 번째 규칙을 잊지 않는 것이다.
_워런 버핏

마음에 든 사업을 조사하다 보면, 나도 모르게 거기에 집착하게 된다. 과몰입을 경계해야 한다. 나는 아버지의 조언을 자주 되새긴다. "사랑할 수 없는 것에 마음을 주지 마라."

사업 인수도 투자다. 성공할 수도 있고 실패할 수도 있다. 아무리 끌리는 기회라도 경고 신호가 보인다면 미련 없이 돌아서야 한다. 특히 다음 특성을 가진 사업은 피해야 한다.

- 적자 운영: 돈을 까먹는 사업을 살려보겠다고 나서지 말라.
- 과도한 부채: 첫 거래에 담보 대출이나 개인 보증 대출은 위험하다.
- 마진 부족: 업종마다 다르지만, 일반적으로 마진 30퍼센트 이상이 안전선이다.
- 설비 과잉: 소규모, 경량 구조의 사업이 유리하다.
  비협조적인 매도자: 인수인계를 꺼리거나, 높은 매각가만을 원하는 매도자는 피하라.
- 차입 매수 불가능: 현금흐름이 약하면 담보 대출이 어렵다.
  개인 소득 미확보: 모든 비용을 제하고도 본인 몫이 충분히 남아야 한다.
- 비상금 부족: 현금 보유량과 매출 중단 대비 능력을 확인하라.

**3장** 정확한 평가가 모든 것을 결정한다

- 직접 운영 필요: 운영자를 고용할 여력이 없다면 결국 '직장'이 된다.
- 불투명한 자료: 세금 신고서, 회계 장부가 명확하지 않으면 거래를 포기하라.
- 경쟁으로 인한 매출 하락: 만약 경쟁이 치열해져 매출이 절반으로 줄어도 이익이 남는지 시뮬레이션하라.
- 성장성 결여: 신규 고객 확대, 기존 고객 지출 증가, 가격 인상 중 하나라도 어려우면 위험하다.
- 매출 총액만 강조: 순이익을 기준으로 평가하라.
- 특허 출원 강조: 가치가 과장되었을 수 있다.
- 비윤리적 매도자: 좋은 거래는 좋은 사람에게서 나온다. 평판을 점검하라.
- 출구 전략 부재: 되팔 수 없는 사업은 덫이 된다.
- 동업자 문제: 동업은 신중해야 한다. 역할과 책임을 문서로 명확히 정하라.
- 성급한 매도자: 충분한 검토 시간을 주지 않으려는 태도를 경계하라.
- 거래 집착: 한 거래에 매달리면 협상력을 잃는다. 다른 기회는 얼마든지 있으니 여유 있게 대응하라.

마지막으로, 거래 조건을 혼자만 알지 말고 서명 전에 전문가에게 반드시 검토를 받아야 한다. 많은 사람이 매우 자주하는 실수다. 독단적인 판단으로 밀어붙이다가 뒤늦게 낭패를 본다. 정반대로 행동하라. 가장 깐깐한 친구나 조언자를 찾아가서, 그가 고개를 끄덕인 후에 사인하라. 이 작은 습관 하나가 수천만 원의 손실을 막는다.

◐ ● ◑

이제 당신은 사업 인수 여정의 중대한 지점에 도달했다. 협상을 시작할 준비가 끝난 것이다. 축하한다!

이제부터는 스스로에게 흥미로운 도전 과제를 하나 내보자. 목표는 최소한의 자본과 최대한 매도자 금융 방식으로 거래를 성사시키는 것이다. 나는 이를 '위험 전가 전략'이라고 부른다. 물론 어느 정도 자금을 투입하거나 매도자 금융을 100퍼센트 끌어내지 못할 수도 있다. 수익 공유, 노동 지분, 소상공인 대출 등 다양한 방식을 조합해야 할 수도 있다. 그래도 처음부터 무자본 매도자 금융을 목표로 삼으면 더 유리한 조건에 도달할 가능성이 커질 것이다.

이제 다음 단계는 매도자와의 협업이다. 사업의 현실적인 가치를 평가한 뒤, 매도자 금융 조건을 포함한 비공식 제안서를 먼저 제시하라. 본격적인 협상에 들어가기 전, 가격 주도권을 잡는 것이 핵심이다.

#  STEP 2

# 투자하라

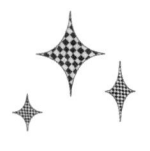

### 4장

# 자본이 없는 사람이
# 오히려 유리한 이유

데이비드 포스터 월리스David Foster Wallace는 한때 이런 우화를 들려줬다. 어느 날, 한 나이 든 물고기가 두 마리 어린 물고기를 지나치며 "안녕, 얘들아. 오늘 물 좋지?" 하고 인사했다. 잠시 후, 어린 물고기들은 서로를 바라보며 물었다. "물? 그게 뭔데?"

우리가 바로 그 물고기다. 돈은 우리를 둘러싼 물과 같다. 항상 곁에 있지만, 정작 우리는 그것을 그것을 제대로 보지도, 이해하지도 못한다.

나 역시 그랬다. 늘 통장 잔고가 바닥인 집에서 자랐다. 꼭 필요한 것만 사야 했고, 20대 중반이 되어서야 처음으로 신용카드를 만들었다. 그때까진 빚은 가난하거나 무모한 사람들이 지는 것이라고 믿었다.

　돈이 부족하다는 믿음은 스스로 초래하는 비극이다. 사실 돈은 우리 주변에 물처럼 넘쳐난다. 모두가 돈을 원하지만, 제대로 다루는 법을 모를 뿐이다.

　이제 생각을 바꿔보자. 나는 돈에 대한 이해를 바탕으로, 수십억 원 규모의 사업들을 무자본으로 인수할 수 있었다. 방법은 간단하다. 사모펀드의 전략을 소규모 사업에 맞게 변형한 것이다. 당신도 할 수 있다.

　하지만 그 얘기는 잠시 미루고, 먼저 '빚'부터 생각해보자.

　과연 빚은 정말 나쁜 걸까?

　롤스로이스를 타고 해안 도로를 달리며 별장에서 여름을 보내는 부자들과 우리의 차이는 단순히 잔고의 크기가 아니다. 그들은 '돈이 일하게 하는 구조'를 갖고 있다. 그것이 우리가 추구해야 할 진짜 목표다.

　이 장에서 소개할 몇 가지 전략은 대출을 전제로 한다. '돈을 빌리는 건 나쁜 일'이라는 편견에 휘둘리지 않길 바란다. 빚은 단지 '차용증'일 뿐이다. 문제는 그것을 어떻게 활용하느냐다. 물론 빚은 오랫동안 부정적으로 여겨져 왔다. 내가 SNS에 '빚의 힘'에 대해 썼을 때, 수많은 악플이 달렸다.

> 부끄러운 줄 알아라. 알라는 빚을 죄악이라 했다.
> 　　　　이건 가난한 사람을 더 옥죄려는 수작이다.

고대 아랍어에서 '죄'와 '빚'은 같은 단어다.

부처님도 채무 관계는 해롭다고 하셨다.

한마디로, 빚을 지면 지옥 간다는 말이었다. 나는 종교 전문가가 아니니, 이런 주장들이 틀렸다고 단정할 수 없다. 하지만 내 생각은 이렇다. 빚은 위험할 수 있지만, 잘만 쓰면 가난을 벗어나는 지렛대(레버리지)가 된다. 감정을 걷어내고 이성적으로 접근하면, 빚은 충분히 유용하다.

## 매도자 금융이란?

아무리 자산이 많은 투자자도 이렇게 말한다. "현금은 좋지만, 내 돈은 쓰고 싶지 않아." 그래서 사모펀드는 대규모 차입을 통해 기업을 인수하고, 주가 높은 연예인들도 집을 살 때 주택담보대출을 이용한다. 이제 당신도 그들과 같은 방식으로 '수익 상환Profit Payback' 모델, 즉 매도자 금융을 활용해 거래하게 될 것이다. 그게 성공하는 사람들의 방식이다.

이건 특별한 비법이 아니다. 실제로 전체 소규모 사업 인수의 약 60퍼센트가 이 방식으로 이뤄진다. 핵심은 사업의 미래 수익으로 인수 대금을 갚는 구조라는 것이다.

표현상 '매도자 금융'이라고 불리지만, 매도하는 사람이 자기 돈을 부담하는 것은 아니다. 실제로는 인수 이후의 사업 수익이 대금을 상환한다. 그렇다면 의문이 생긴다. '왜 매도자가 그런 거래에 동의할까?'

사례로 확인해보자. 사례의 인수자는 7억 원 규모의 사업체를 인수하고 싶었지만, 목돈을 들이거나 은행 대출을 받는 것을 꺼렸다. 다행히 매도자가 금융 지원에 동의했고, 거래 내용과 조건은 다음과 같았다.

- 사업체 가격: 7억 원
- 연간 수익: 3억 원
- 월 수익: 2200만 원
- 계약금: 7000만 원
- 상환 조건: 매달 600만 원씩 10년간(총 120개월) 상환 + 이자
- 인수자의 월 순수익: 이자 포함 상환금을 제외하고 1000만 원

매도자가 이 거래에 응한 이유는 단순했다. 그는 은퇴를 원했고, 다른 매수 희망자가 전혀 없었기 때문이다.

우리 커뮤니티 회원들 역시 이와 같은 매도자 금융으로 인수를 진행하고 있다. 무부채, 저위험, 무자본 방식으로 말이다. 즉 매도자 금융은 내가 가장 자주, 효과적으로 활용하는 인수 전략이다.

### 매도자 금융이 가장 강력한 수단인 이유

이 방식의 가장 큰 장점은 모든 것이 협상 가능하다는 점이다. 정말이다. 월 상환금을 낮추고 상환 기간을 늘리고 싶다면? 요

청하라. 인수가에 자산을 포함시키고 싶다면? 가능하다. 초기 현금 지급액을 늘리고 월 상환 부담을 줄이고 싶다면? 그것도 방법이다.

이는 은행 대출이나 소상공인 대출과는 전혀 다르다. 은행 대출은 조건 변경이 불가능하지만, 매도자 금융은 사업의 특성과 상황에 따라 조건을 유연하게 설계할 수 있다.

당신은 이미 실사를 통해 재무 구조를 파악한 상태다. 그러니 원한다면 더 적은 금액을 더 긴 기간에 걸쳐 갚는 방식도 협의할 수 있다. 심지어 거래 이후 사업이 예상보다 잘 풀리거나, 매도자가 상환 기간을 연장해준다면, 추가 수익을 제공하는 인센티브 구조도 제안할 수 있다. 결국 이 방식은, 당신의 상상력과 협상력에 따라 완전히 새로운 조건이 탄생할 수 있는 구조다. 머리를 잘 쓰면, 누구보다 유리한 조건으로 거래를 마무리할 수 있다. 조건은 다양하게 변경가능하지만, 기본적인 틀은 다음과 같다.

- 상환 기간: 평균 3~10년
- 계약금: 전체 인수가의 10~50퍼센트 (실제로는 매도자가 50~70퍼센트 수준의 계약금을 요구하는 경우도 흔하다.)
- 매도자가 요구할 수 있는 조건
    - 상환 기간에 정기적인 재무제표 제출
    - 사업장 임대차 계약 유지
    - 은행 계좌에 일정 수준의 잔액 유지 등 재무 안정성 확보

**더 많은 돈, 더 안정적인 수익**

매도자 금융의 강점은, 매도자가 자금을 대면서도 오히려 당신에게 고마워한다는 점이다. 어떻게 가능할까? 예를 들어보자. 어느 날 당신이 마음에 드는 사업체를 발견했다. 매도자가 원하는 가격은 14억 원이다. 은행에 문의하니 이렇게 말한다. "이 사업의 현금흐름을 기준으로 하면, 최대 10억 원까지 대출이 가능하고, 금리는 연 8퍼센트입니다. 즉, 이자만 해도 매년 약 8000만 원입니다."

당신은 이렇게 생각한다. '사업이 정말 잘된다면 14억이 아니라 17억이라도 충분히 감당할 수 있는데….'

그래서 매도자에게 두 가지 옵션을 제시한다.

저희에게 두 가지 선택지가 있네요. 하나는, 제가 은행에서 10억 원을 빌려서 인수하고, 이자는 은행이 챙깁니다. 다른 하나는, 제가 사장님께 총 17억 원을 할부로 지급하되, 연 4퍼센트 이자를 드리는 겁니다. 매년 약 7000만 원이죠. 다시 말해, 사장님이 저에게 돈을 빌려주시면, 원래 은행이 가져갈 이자 수익을 사장님이 가져가게 됩니다. 사업이 잘되는 한, 매년 더 많은 현금을 꾸준히 받게 되시는 거죠.

**장기 할부 지급으로 절세가 가능하다**

이어서 세금에 대해 말씀드려도 될까요? 만약 세금을 한꺼번에 내지 않고, 10년에 걸쳐 나눠 낼 수 있는 선택지가

| 항목 | 값 |
|---|---|
| 구매 가격 | 14억 원 |
| 매도자 금융 상환 기간 | 10년 |

| 구분 | 은행 대출 | 매도자 금융 |
|---|---|---|
| 현금 지급액 | 10억 원 | 17억 원 |
| 이자 비용 | 매년 8000만 원 | 매년 7000만 원 |
| 매도자에게 지급되는 총액 | 10억 원 | 17억 원 + 매년 7000만 원 |

있다면 어떠신가요? 소득이 분산되면 세율도 낮아질 수 있죠. 여기에도 두 가지 선택지가 있습니다. 지금 당장 전액을 납부하거나, 10년간 분할 납부하는 것이죠. 사장님께서 앞으로 컨설턴트 계약(미국에서 프리랜서나 자영업자가 특정 업무를 수행하고 보수를 받는 계약 형태로, 소득세를 스스로 내는 비고용 계약을 말한다. 1099 계약이라고도 부른다—옮긴이)으로 일정 기간 일하게 되면, 더 많은 세금 공제를 받을 수 있고, 안정적인 수입원도 유지할 수 있습니다. 세금도 줄이고, 소득도 유지하고. 괜찮은 선택 아닐까요?

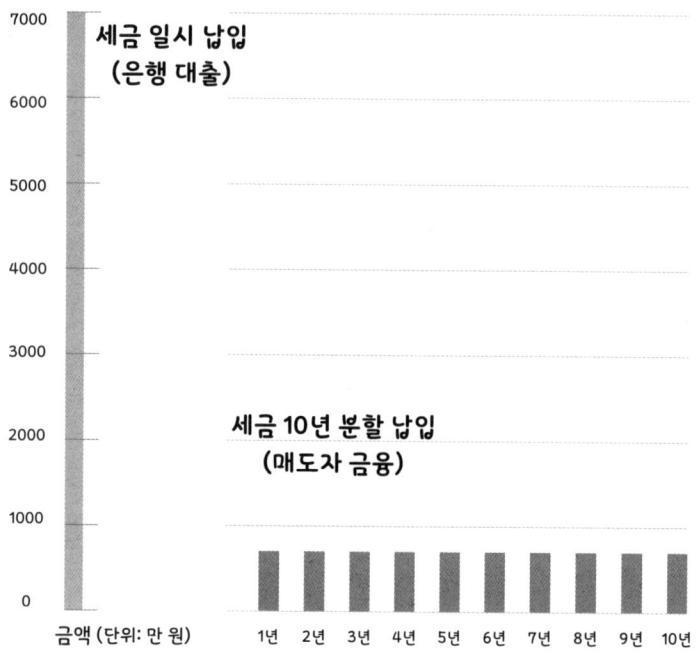

## 답답한 은행을 기다리지 않고 바로바로 해결한다

이번엔 거래 속도를 높여 볼까요? 소상공인 대출을 받으려면 평균 90일 이상 걸립니다. 혹시 은행이 그보다 빨리 처리해 준 적 있나요? 저는 단 한 번도 없었습니다. 게다가 그 90일 동안 무슨 일이 생길지 누가 알겠어요? 거래가 무산될 수도 있고, 은행이 대출을 중단할 수도 있죠. 반면, 수익 상환 방식은 우리가 결정하고 움직이는 속도만큼 빠릅니다. 실사 완료 후 단 일주일 만에 거래를 마무리한 적도 있어요. 시간은 때때로 거래의 가장 큰 적입니다. 우리는 그런 실수를 하지 말자고요, 어때요?

| 매도자 금융 거래 타임라인 | |
|---|---|
| 1일차 | 매도자 금융 조건 공유 |
| 2일차 | 변호사와 공동 회의를 통해 제안 검토 |
| 3일차 | 변호사와 협상 및 조건 확인 |
| 4일차 | 계약 조건 서명 |
| 5일차 | 계약금 지급 |
| 6일차 | 소유권 문서 이전 |
| 7일차 | 사업체 매각 완료 |

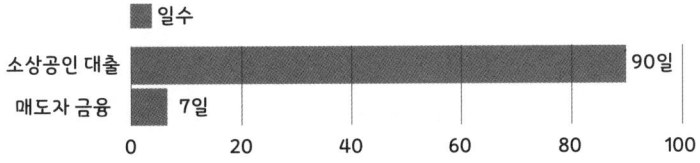

기회는 알아보는 사람의 것이다. 매도자 금융은 절대 일방적인 거래가 아니다. 매도자에게는 다음과 같은 이점이 있다.

- 은행 수수료, 감정 평가, 법적 비용 없이 저렴하게 거래할 수 있다.
- 매각이 어려운 사업체라도 매수자의 관심을 끌 수 있다.
- 세율이 낮은 상태에서 장기간 분할 수령으로 절세 효과를 누린다.
- 연금처럼 꾸준한 현금흐름을 확보할 수 있다.
- 은행 대신 이자 수익을 챙길 수 있다.

- 매도 가격을 높일 수 있다.
- 은행 심사와 승인 절차 없이 빠르게 거래할 수 있다.
- 대출이 어려운 사람도 인수할 수 있어서 매수자 범위가 넓어진다.
- 직원이나 지인에게 매도할 때 인수 부담을 덜어줄 수 있다.

## 매도자 금융의 단점

솔직히 단점은 별로 없다. 다만 몇 가지 고려할 사항은 있다.

- 가격 상승 가능성: 사업성이 확실하고 은행 대출이 가능하다면, 매도자 금융보다 더 낮은 가격에 인수할 수 있다.
- 매도자와의 관계 유지: 거래 이후에도 매도자와 얽히는 게 부담이라면, 제삼자와 깔끔하게 거래하는 것이 나을 수 있다.
- 비교적 높은 이자율: 매도자가 은행보다 높은 금리를 제시할 수 있다. 하지만 협상의 여지는 언제나 존재한다.
- 매도자의 승인 필요: 모든 매도자가 '은행' 역할을 하고 싶어 하지 않는다. 신뢰를 구축하고, 매력적인 제안을 통해 설득해야 한다.

이제 내가 실제로 진행했던 거래 중 하나를 살펴보자.

## 매도자 금융으로
## 첫 빨래방을 인수한 이야기

증권사에서 일하던 시절, 주말까지 반납하며 좋아하지도 않는 사람들을 돈방석에 앉히는 일을 하다 이런 생각이 들었다. '저런 허세 가득한 인간들도 거래하는데, 나라고 못 할 이유가 뭐가 있겠어?'

그렇게 나는 빨래방 인수에 도전했다. 지난 5년간의 재무제표를 살펴보니 꾸준히 수익이 나고 있었다. 사업주에게 연락하니, 그는 약 2억 8000만 원을 원했고, 그중 상당 부분을 매도자 금융으로 조정해줄 수 있다고 했다. 게다가 이 빨래방은 1년 넘게 매물로 나와 있었고, 사장의 매각 의지도 분명했다. 결국 나는 협상을 통해 가격을 1억 원 이상 낮출 수 있었다.

하지만 만약 그렇게 깎지 못하고 2억 원 정도에 합의했더라도 괜찮았을 것이다. 왜냐하면 계약금 4000만 원 정도를 지불하고, 나머지는 3년간 수익 상환 방식으로 처리하면, 빨래방의 현금 흐름 상 초기 계약금은 3개월 안에 회수가 가능했을 것이다. 거래가 마무리되면, 그 수익으로 다음 사업을 시작할 수 있다.

솔직히, 내가 사업 초기에 인수했던 사업들은 아주 좋은 거래는 아니었다. 수익성은 낮고 규모는 너무 작았다. 운영자는 신뢰하기 어려웠고, 업무 부담도 상당했다. 돌이켜보면 사업이라기보다 일거리에 가까웠다. 실패가 두려워 더 큰 거래에 나서지 못했지만, 그래도 돈은 벌었다. 실수도 잔뜩 했고, 배운 건 더 많았다. 나는 천재도, 운 좋은 사람도 아니다. 지금도 엑셀 시트나 미래 수익 예측 자료를 보면 두드러기가 난다. 하지만 팔 걷고 직접 부딪칠 각오만 있다면, 매도자 금융은 최고의 도구다.

## "그래도 아직 빚이 두려워요!"

당연하다. 빚이 두려운 건 지극히 정상이다. 특히 첫 거래는 더욱 신중해야 한다. 첫 거래가 실패하면 이후 모든 거래에 부정적인 선입견이 생길 수 있다. 하지만 첫 거래가 성공하면 인생이 완전히 달라질 수도 있다. 그래서 빚을 지기 전, 반드시 두 가지를 자문해야 한다.

### 갚을 수 있을까?

빚은 수익을 내기 위한 수단이어야 한다. 나도 오직 거래를 위해 빚을 진다. 예를 들어, 주식을 담보로 대출을 받아 사업을 인수하고, 그 사업의 수익으로 대출을 갚는다.

### 만약 갚지 못하면 어떻게 할 것인가?

세상일은 변수 투성이다. 예상과 전혀 다르게 흘러갈 수 있다. 그래서 나는 다음 원칙을 지킨다. 파산할 만큼 큰 거래는 하지 않는다. 언제든 되팔 수 있는 사업을 선택한다. 집은 절대 담보로 잡지 않는다. 투자자를 끌어들이거나, 매도자 금융을 적극 활용한다. 먼저 배우고, 돈을 벌고, 그다음에 더 큰 투자에 나선다.

## 빚에 대한 진실

똑똑한 사람도 3가지 이유로 망한다.
술, 여자, 레버리지.
_찰리 멍거

사실 술과 여자는 그냥 'L'로 시작해서 넣은 것이다.
진짜 이유는 레버리지다.
_워런 버핏

　레버리지란 전략적인 부채 활용을 의미한다. 빚은 그저 하나의 도구다. 하지만 이 도구가 부자와 서민을 가른다. 잘 쓰면 엄청난 돈을 벌 수 있지만, 잘못 쓰면 빚더미에 파묻힐 수 있다. 부자들은 빚의 원리를 안다. 수익성 있는 사업을 인수하고, 그 수익으로 빚을 상환한다. 신용 한도와 담보 대출도 자산 증식 수단으로 활용한다. 반면, 많은 사람은 빚을 이해하지 못한 채 소모품을 할부로 사고, 나중에야 자신이 왜 수렁에 빠졌는지 깨닫는다. 워런 버핏은 말한다. "필요하지도 않은 것을 얻기 위해 이미 가진 것을 위험에 빠뜨리지 마라."

　나도 실패를 겪었다. 두려움 속에 혼자 아무것도 없이 시작했다. 사업을 인수하기에 완벽한 시기는 없다. 하지만 동시에 '언제나' 적절한 시기이기도 하다. '나는 안 될 거야'라는 생각 대신, '어떻게 하면 될까?'라고 생각하다 보면 길이 보일 것이다.

매도자 금융은 부자들이 흔히 사용하는 부채 전략이다. 적은 자본으로 첫 사업을 인수하고, 경제적 자유로 가는 첫걸음이다.

## 현금 없이 사업을 인수하는 5가지 추가 방법

현금을 거의 들이지 않고도 사업을 인수하는 방법은 다양하다. 수백 건의 거래와 수천 명의 사례를 통해, 적은 돈 혹은 무자본으로도 사업을 인수할 수 있는 여러 방법이 확인됐다.

사람들이 자주 묻는다. "가장 좋은 방법은 뭔가요?" 물론 정답은 상황에 따라 달라진다.

지금부터 똑똑하게 사업을 인수하는 5가지 추가 전략을 소개하겠다.

### ① 정부 지원 대출

내가 정부와 관련해서 가장 좋아하는 것이 있다. 바로 정부 지원 대출이다. 정확한 이름은 SBA 대출(미국 중소기업청Small Business Administration의 보증 대출 제도. 정부가 일정 비율을 보증함으로써 은행이 대출을 보다 적극적으로 집행할 수 있도록 돕는다. 한국에서는 신용보증기금, 기술보증기금, 소상공인시장진흥공단, 중소벤처기업진흥공단 등이 유사한 기능을 수행한다—옮긴이)이다.

정부가 소규모 사업 인수를 장려하기 위해, 인수가의 최대 90퍼센트까지 지원해 주는 제도다. 정부가 은행과 협력해 대출 기준을 설정하고, 대출자가 파산하더라도 일부를 정부가 대신 갚아준다. 덕분에 은행은 더 적극적으로 돈을 빌려주게 된다. 정말 훌륭한 제도지만, 당연히 조건은 있다.

- 인수 대상 사업체가 수익성이 있어야 한다.
- 2~5년 이상 운영된 사업체여야 한다.
- 대출 한도가 정해져 있다.
- 대출자와 사업체 모두 일정 자격 요건을 충족해야 한다.

대출자에게 요구되는 일반적인 조건은 다음과 같다.

- 계약금 최소 10퍼센트 (자기 자본)
- 범죄 기록 없음
- 미납된 부채 없음
- 관련 업종 또는 경영 경험
- 최근 3년간 파산 이력 없음

추가로, 간단한 사업계획서를 제출하면 심사에 긍정적인 영향을 줄 수 있다. SBA에서 제공하는 샘플을 참고하면 도움이 된다. 정부 지원 대출의 장단점을 보고 자신에게 맞는 전략이 될 수 있는지 판단하라.

정부 지원 대출의 장점

- 낮은 계약금: 일반 은행은 20~30퍼센트를 요구하지만, 정부 지원 대출은 보통 10퍼센트만 있어도 가능하다.
- 긴 상환 기간: 일반 대출보다 유연하고 길게 나눠 갚을 수 있다.
- 느슨한 자격 요건: 기존 은행 대출보다 진입 장벽이 낮다.

정부 지원 대출의 단점

- 긴 승인 기간: 승인까지 평균 90~120일이 걸린다.
- 높은 금리: 특히 변동 금리일 경우 부담이 클 수 있다.
- 경직된 상환 조건: 중도 상환 시 수수료가 붙는 경우도 있다.
- 개인 보증 필요: 갚지 못하면 개인이 직접 책임을 져야 한다.
- 중요한 신용 점수: 사업 자체가 아무리 좋아도 신용이 나쁘면 승인이 어렵다.

결론을 말하면, 정부 지원 대출은 조건이 까다롭긴 하지만, 정부가 보증하는 훌륭한 자금 조달 방법이다. 정부가 세금을 워낙 많이 걷어 가니까, 이런 기회로 일부나마 돌려받는 것도 나쁘지 않다.

② 돈 한 푼 안 들이고 고객 확보하기

코로나19가 한창이던 시기에 작은 헬스장을 운영한 우리 커뮤니티 회원의 얘기를 해보겠다. 거리를 걷다 보면 이곳저곳 문닫는 소리가 들리는 듯했고, 2020년 말엔 경쟁하던 헬스장 10곳 중 단 2곳만이 살아남았다. 어느 날 헬스장을 운영하는 이 회원은 내게 전화를 걸어, 폐업하는 헬스장들에서 헐값에 장비를 사들이면 어떨지 물었다.

난 이렇게 대답했다. "지금 중요한 걸 놓치고 있어요. 진짜 기회는 장비가 아니라 사업 전체를 인수하는 거예요!" 내 조언을 들은 후에 그에게 생긴 일을 살펴보자.

그는 폐업했거나 폐업 직전인 헬스장 사업주들에게 연락해, 손실을 조금이라도 만회할 수 있는 인수 방식을 제안했다. 사업주들의 기존 고객을 이관해 줄 경우, 6개월간 해당 고객 매출의 50퍼센트를 지급하겠다고 했다. (장기 수익 분할 구조 덕분에 지불 시점을 유예할 수 있고, 이전 사업주들은 안정적인 수익을 확보할 수 있다.)

그들이 고객들에게 발송할 고별 메시지도 함께 준비했다. "여러분을 그냥 떠날 수는 없어서, 믿고 맡길 수 있는 새로운 공간을 찾았습니다." 이전 사업주들에게는 새로운 헬스장의 평생 회원권을 제공하고 새로 유입된 고객에게는 자동 발송 이메일 마케팅을 통해 자연스럽게 적응하도록 유도했다.

이 단순한 전략을 통해 이 회원은 단 두 번의 인수만으로 1억 4000만 원 이상의 수익을 올렸고, 실제로 지출한 금액은 0원이었다. 고객에게는 새로운 보금자리를, 전 주인에게는 '폐업'이 아닌 '매각'이라는 명예로운 퇴장을, 자신에게는 새로운 수익원과 성장 기회를 만들어낸 셈이다. 이 두 가지의 감정적 차이는 사업가에게 엄청나다.

주변에 폐업을 앞둔 가게가 있다면, 그 주인에게 연락해보자. 기존 고객을 당신의 사업으로 자연스럽게 이관하는 조건으로, 고별 인사와 전환 계획을 함께 제안하면 훨씬 설득력 있게 다가갈 수 있다. 전 주인은 연금처럼 이어지는 수익을, 고객은 신뢰할 수 있는 새로운 공간을, 당신은 신규 수익원을 얻게 된다.

### ③ 추천 수수료로 고객 확보하기

음식점은 평균적으로 1년을 넘기기 어렵다. 폐업하면 남는 것도 없고, 단골손님들도 뿔뿔이 흩어진다. 하지만 이 구조를 바꾸는 건 충분히 가능하다. 여기 돈 벌 줄 아는 똑똑한 청년의 좋은 사례가 있다.

폐업을 앞둔 한 식당의 단골손님인 이 청년은 식당 주인에게 연락해 다음과 같이 제안했다. "고객들에게 폐업 안내 이메일을 보낼 때, 1년간 사용할 수 있는 '근처 음식점 할인 코드'를 함께 보내보세요."

이 단순한 제안이 만든 거래 구조는 다음과 같다.

- 고객이 할인 코드(25퍼센트 할인)로 식사할 때마다, 이전 사장과 새로운 음식점이 수익을 나눠 갖는다.
- 이전 식당은 1만 5000명의 고객 리스트를 보유하고 있었고, 이 이메일 한 통으로 2주 만에 약 300만 원을 벌었다.
- 청년은 이 거래를 중개한 대가로 140만 원을 받았고, 이후에도 매주 10만 원이 넘는 수익을 꾸준히 얻었다.

- 할인 코드를 제공한 새 음식점은 0원에 고객 명단을 확보했고, 이들 고객으로부터 3000만 원에 가까운 수익을 창출했다.
- 효과를 실감한 이전 사장은 이 리스트를 활용해 맛집 추천 이메일 콘텐츠를 주기적으로 보내기 시작했고, 이를 통해 부수입을 꾸준히 올릴 수 있었다.

핵심은 이렇다. 폐업했거나 폐업 예정인 사업체를 찾아가 기존 고객 명단을 특정 조건 하에 이전받는 제안을 한다. 예를 들어 "해당 고객이 다른 곳에서 구매할 때마다 일정 수익을 나눠드리겠습니다" 같은 조건이다. 그리고 그 고객과 연관성이 높은 인접 업종의 사업체에 이 명단을 연결해준다. 이렇게 하면 고객 리스트를 0원에 확보할 수 있고, 지속적인 수익을 공유하는 동업자 관계가 만들어진다.

### ④ 수익 공유로 무자본 인수하기

똑부러지는 CEO 드루 사노키Drew Sanocki는 적자 웹사이트를 고작 1000원 정도에 인수하며 경력을 쌓기 시작했다. 그는 이후 오토애니싱AutoAnything이라는 회사를 인수해 억대 매출 기업으로 키웠고, 연 매출 수십억 원을 올리는 회사도 거의 공짜로 사들인 적이 있다. 그 비결은 의외로 간단하다. 회사를 살린 뒤, 미래 수익의 일부를 기존 사업주와 나누겠다고 약속한 것이다.

사업주는 왜 이런 제안을 받아들일까? 사모펀드나 벤처 캐피털은 이런 회사를 종종 '좀비 기업'이라고 부른다. 성장은 멈췄고, 수익은 없으며, 시간과 비용만 계속 들어가는 상태다. 이때 드루 같은 인수자가 나타나 이렇게 제안한다. "계속 손해를 감수하시겠습니까, 아니면 제가 회사를 살리고, 이후 수익 일부를 나눠 드릴까요?" 선택은 어렵지 않다.

### ⑤ 무자본으로 직원 인수하기

영상 퀄리티가 아주 엉망진창인 영상에 내 얼굴이 나온다면? 그리고 그 영상이 인터넷에 돌아다닌다면 기분이 어떨까? 바로 내 이야기다. 편집자들이 만든 영상이 너무 조악해서 결국 밈으로 번졌고, 나도 모르게 조롱거리가 되었다. 하지만 주변에서 유능한 편집자, 프로듀서, 촬영 감독을 찾기 어려웠다. 결국 외주 업체를 쓰게 됐고, 가격은 높았지만 실력은 확실했다. 언제나 그렇듯, 나는 대표에게 접근했다. "요즘 사업은 어때요? 일이 정말 많을 것 같아요." 예상대로 그는 속내를 털어놨다. 동업자들과의 갈등, 운영 스트레스, 일에 대한 회의감까지 겹쳐 힘든 상황이었다. 그래서 제안했다. "그렇다면, 회사를 저한테 파는 건 어때요? 단, 조건이 있어요. 나는 그냥 당신과 당신 팀만 원해요. 그러니까 이건 '인수 채용acqui-hire'이에요."

인수 채용은 회사를 인수하되, 목표는 '사람'인 거래 방식이다. 팀 연봉을 기준으로 계약하고, 일정 기간 함께 일하면 성과급을 지급하는 구조다. 결과적으로 그는 매각 이력을 갖게 됐고, 나는 훌륭한 팀을 손에 넣었다. 윈윈이었다.

앞에서 헬스장을 인수한 그 회원도 인수한 헬스장에서 강사 10명을 인수했고, 그들과 함께 수백 명의 고객이 자연스럽게 따라왔다.

좋은 사람 구하기가 정말 어려운 시대다. 그래서 폐업하는 사업체의 인력을 인수하는 전략은 아주 강력하다. 예를 들어 이렇게 해볼 수 있다.

- 업계 내 폐업 예정 사업장의 핵심 인력을 찾아 확보한다.
- 사장에게 직원과 고객 명단을 함께 넘기는 조건을 제안한다.
- 새 인력이 데려오는 고객 매출의 일부를 사장과 인력에게 공유한다.
- 새 인력에게는 기존 조직의 공백을 채울 수 있는 역할을 맡긴다.
- 기존 팀과의 공동 프로젝트를 통해 빠르게 적응시키고,
- 성과가 나오는 인력만 유지한다.

이렇게 하면 실제 자금 지출 없이도 인재 확보와 조직 확장이 가능하다.

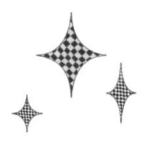

**5장**

# 돈이 되는 거래는 준비부터 다르다

## 단순하게 시작하는 사람이 이긴다

### 조건 < 사람

많은 사람이 거래를 회계감사하듯 복잡하게 접근한다. 하지만 나는 워런 버핏의 방식을 선호한다. 버핏은 단 한 장짜리 계약서로 거래를 성사시키는 것으로 유명하다. 왜 그럴까? 사실 거래를 분석할 때 진짜 중요한 건 단 두 가지다.

❶ 이 거래로 돈을 벌 수 있는가? (매출, 이익, 지출, 자산)
❷ 이 사람들과 함께 일하고 싶은가? (직원, 고객, 외주 업체, 매도자)

본격적인 협상에 들어가기 전, 나는 '빈 종이 스타트' 방식을 활용한다. 말 그대로 빈 종이 한 장에 직접 펜으로 써내려가는 것이다. 변호사를 부르기 전에 거래의 뼈대를 잡는다고 할 수 있다. 예를 들어 이렇게 쓴다.

> 안녕하세요, 매도자님. 거래 제안에 응해주셔서 감사합니다. 저는 귀사의 사업을 X 금액에 인수하고자 합니다. Y 방식으로 자금을 조달하고, Z 조건을 바탕으로 진행하고자 합니다.

이 문장은 실제로 종이에 손글씨로 작성한다. 매도자를 겁주지 않기 위해서라도, 어리숙해 보일 만큼 단순하게 접근하는 게 효과적이다. 첫 번째 "오케이"를 받아내면, 그다음 "오케이"는 훨씬 쉬워진다.

내용 밑에 서명과 날짜를 적고, 이 종이를 스캔해 이메일에 첨부한다. 이메일 본문은 아주 간단하다. "이 조건이 괜찮으시다면, 서명 후 회신 부탁드립니다. 제가 제 변호사에게 전달해 계약서 초안을 작성하겠습니다." 양측 모두 이 종이에 서명한 뒤에야 변호사를 호출한다. 이렇게 하면 협상 과정이 훨씬 깔끔해진다.

우리가 지켜야 할 3가지 원칙이 있다. 빠르고 단순한 자금 조달, 빠르고 단순한 계약 체결, 빠르고 단순한 협상. 거래의 가장 큰 적은 시간과 복잡함이다. 우리는 그 적들을 제거하는 데 집중해야 한다.

**손해 없이 가격 협상하기**

흔히 '가격을 먼저 말하지 말라'고들 한다. 대체로 맞는 말이지만, 인생에서 처음으로 사업을 매각해보는 소규모 업체 사업주와의 거래에서는 예외다. 이들은 대체로 자신의 사업 가치를 과대평가하는 경향이 있다. 삶을 바쳐 일군 사업이니 그 마음은 충분히 이해된다. 하지만 연 매출이 3억 원에 불과한 사업의 가치가 300억 원이라고 믿는다면, 그 숫자를 현실적인 선으로 낮추기는 매우 어렵다. 이미 감정적으로 그 가격에 묶여 있기 때문이다. 그래서 나는 이런 감정적 충돌을 피하고자 내가 먼저 가격을 제시한다.

게다가 대부분의 경우, 인수 후에도 매도자의 협력이 필요하다. 그러니 서로에게 이익이 되는 구조로 시작하는 것이 중요하다. 사업은 결국 신뢰의 연속이기에, 한쪽만 손해를 보면 뒤탈이 생기기 마련이다.

그렇다면 가격을 어떻게 정할까? 답은 '시장'이다. 소규모 사업체는 일반적으로 연간 순이익의 1~5배 수준에서 거래된다. 그래서 나는 이런 식으로 설명한다.

> 물론 순이익 계산 방식에 따라 차이는 있지만, 보통 이 정도 규모의 사업은 연 순이익의 1~5배 정도에서 거래됩니다. 이건 제가 정한 게 아니라, 시장 평균이 그래요. 요즘은 매물도 많고, 매각이 쉽지 않다 보니 시장가 이상으로 협상하긴 현실적으로 어렵습니다.

핵심은 '제가 안 드리고 싶어서가 아니라, 시장 상황이 그렇습니다'라는 인상을 주는 것이다. 즉, 매도자와 같은 편에 서는 자세를 취하는 것이다. 그다음엔 부동산 중개인이 시세표를 보여주듯, 실제 인수 사례나 업계 통계 자료를 함께 제시한다. 물론 최종 가격은 재고, 장비, 위치, 매출 이력 등에 따라 달라지겠지만, 대략적인 기준을 제시하는 것만으로도 감정적으로 부풀려진 기대치를 조금씩 현실화시킬 수 있다. 이제 진짜 협상의 무대에 올라선 셈이다.

그리고 마지막으로, 좋은 인상을 남겨야 한다. 사람은 첫마디보다 마지막 말을 더 오래 기억한다. 마치 식당에서 카운터에 사탕 바구니를 두는 것처럼, 긍정적인 마무리는 거래 전체의 인상을 바꾼다. 그래서 나는 이런 식으로 말한다. "저는 이 사업이 정말 훌륭하다고 생각합니다. 앞으로도 잘 운영되기를 진심으로 바랍니다. 그러기 위해서는 사장님의 협력이 꼭 필요합니다. 사장님이 잘돼야, 저도 잘됩니다." 이런 식으로 대화를 마무리하면, 신뢰와 존중이 바탕이 된 협상 분위기가 자연스럽게 만들어진다.

매도자가 약식 제안서에 서명해서 돌려보냈다면? 이제 비로소 변호사를 부를 차례다.

## 좋은 변호사를 찾는 법

> 전문가를 고용하는 게 비싸다고 생각된다면,
> 어디 아마추어를 고용해보라.
>
> _레드 아데어

이제 우리가 해야 할 일은 '좋은 거래 구조를 이해하는' 변호사를 찾는 것이다. 인수합병 경험이 풍부한 변호사는 30만 원짜리 온라인 법률 서비스의 10배 이상의 가치를 만들어낼 수 있다. 믿어도 된다. 이제 중요한 건 '어떻게'가 아니라 '누가'다.

'인수의향서를 어떻게 잘 쓸까?'가 아니라 '누가 내 거래를 철통같이 만들어줄 수 있을까?'라고 물어야 한다.

그렇다면 좋은 변호사는 어떻게 찾을까? 3가지 방법이 있다.

- 전문가: 멘토나 회계사에게 직접 추천을 요청하자. 전문가는 전문가를 알고, 아마추어는 둘의 차이를 잘 모른다.
- 부자에게 묻기: 돈이 오가는 곳엔 리스크가 있고, 리스크가 있는 곳엔 반드시 변호사가 있다. 부유한 지인들에게 어떤 변호사를 쓰는지 물어보라.
- 매체 활용: 지역 잡지에서 뽑은 '올해의 변호사' 리스트, 동료 평가 기반의 로펌 랭킹 등도 훌륭한 참고 자료다.

후보를 골랐다면, 이렇게 질문하자.

- 지금까지 몇 건의 거래를 맡아보셨나요?
- 주로 어떤 규모나 업종의 거래를 다루셨나요?
- 특화 분야나 강점은 무엇인가요?
- 어느 지역에 익숙하신가요? (지역 사정을 잘 아는 변호사가 확실히 유리하다.)

◘ 주로 어떤 가격대의 거래를 담당하셨나요?

변호사와의 대화는 언제나 비용이 발생한다. 가능하다면 서류 작성 및 자문에 대한 패키지 요금을 먼저 요청하자. 나는 보통 이렇게 묻는다. "제가 원하는 건 인수의향서, 매매 계약서, 운영 계약서입니다. 인수 대상 기업의 자산 규모는 X 이하고요. 이 문서들을 준비하고 마무리하는 데 총 얼마가 들까요?" 그리고 여러 군데에서 비교 견적을 받는다.

좋은 질문이 돈을 번다. 예상 소요 시간도 반드시 확인하자. "이 문서들을 며칠 안에 받을 수 있을까요? 수정은 몇 차례 정도 예상하시나요?" 거래 대상을 찾는 데는 시간이 걸려도 괜찮지만, 찾고 나면 속도감 있게 움직여야 한다. 시간은 거래의 가장 큰 적이다.

분야가 다르면 변호사도 달라져야 한다. 변호사의 전문 분야는 정말 다양하다. 같은 유형의 거래를 반복할 때, 한 변호사와 꾸준히 일하는 것이 효율적이다. 하지만 거래 성격이 다르면, 그 분야에 특화된 변호사를 쓰는 게 더 현명하다. 예를 들어 나는 대부분의 인수 건에서 한 변호사와 일해왔지만, 최근 지식재산권 관련 인수를 할 때는 해당 분야 전문가의 도움을 받았다.

중견 로펌을 활용하는 것도 좋은 전략이다. 중견 로펌은 다양한 분야의 전문가를 내부에 보유하고 있어, 같은 로펌 안에서 인력만 교체해도 절차가 간단하고, 비용도 줄일 수 있다.

좋은 변호사를 찾았다면, 이제는 본격적으로 거래 성사를 위한 3가지 핵심 문서에 집중할 차례다.

## 변호사에게 꼭 받아야 할 3가지 문서

설계도를 그리는 사람이 구조를 지배한다. 그래서 계약서 초안은 반드시 인수자 쪽에서 준비해야 한다. 절대 매도자나 중개인에게 문서 작성을 맡기지 말자. 그들에게 유리하게 쓰이는 건 너무 당연한 일이다. 계약서는 당신의 변호사가 중립적이고 명확한 조건으로 주도적으로 작성해야 한다.

많은 매도자가 이렇게 말한다. "중개인이 제안서를 줬는데, 조건이 괜찮은지 내가 검토해볼게요." 그럴 땐 이렇게 답하자. "아니요, 제가 인수 주체이니 계약서는 제가 먼저 준비하겠습니다. 이후에 검토해주세요."

계약서 작성 비용은 정해져 있지는 않지만 몇 백만 원이 들기도 한다. 거래가 복잡할수록 비용도 올라간다. 아마 대학 졸업장 외에 가장 비싼 문서가 될 수 있다. 하지만 졸업장과 달리 계약서는 실제로 당신에게 돈을 벌어다줄 수 있다.

❶ 인수의향서 Letter of Intent, LOI: 인수의향서는 마치 약혼반지와 같다. 양측의 거래 의사를 공식적으로 확인하는 문서다. 비구속적 인수의향서로 거래 의사는 확인할 수 있으나, 법적 의무는 없다. 구속력이 있는 LOI는 명시된 조건에 따라 법적 책임이 발생할 수 있다. 반드시 변호사와 상의한 뒤 진행해야 한다.

❷ 매매 계약서 Purchase Agreement: 인수의향서가 약혼반지라면,

매매 계약서는 혼인 신고서다. 인수 거래의 핵심 문서로, 최종 조건과 세부 내용이 모두 포함된다. 매수자에게는 권리와 자산에 대한 법적 보장을, 매도자에게는 보상에 대한 확실한 약속을 제공한다. 이 계약서에 서명하는 순간, 거래는 법적 구속력을 갖는 공식 약속이 된다.

❸ 운영 계약서 Operating Agreement: 주주 계약서 Shareholder Agreement 로 불리기도 한다. 이 문서는 인수 이후, 사업이 어떻게 운영될지 정하는 설계도다. 조직 구조, 경영진의 역할과 책임, 이익 분배 방식, 의사결정 절차, 분쟁 해결 방식 등이 포함된다. 이 문서는 단순한 법적 문서를 넘어, 사업 운영 철학과 스타일을 반영해야 하는 전략 문서다. 따라서 반드시 변호사와 함께 꼼꼼히 설계해야 한다.

변호사에게 반드시 알려야 할 정보 중 하나는, 이 거래가 미래 매각을 위한 투자인지, 아니면 장기 운영을 위한 사업인지다. 이 차이에 따라 사업 구조와 계약 조건이 완전히 달라질 수 있기 때문이다. 또한, 스스로 답해야 할 중요한 질문들이 있다.

- 여러 사업체를 인수해 확장하고 싶은가, 아니면 단 하나만 인수하고 끝낼 생각인가?
- 이 사업이 얼마나 크게 성장할 수 있다고 보는가? 예컨대, 빨래방을 인수한다면 복잡한 사업 구조가 필요하지 않을 것이다.

그리고 많은 사람이 이쯤에서 묻는다.

"사업 구조는 어떻게 잡아야 할까요?"

사업 구조 설정은 반드시 변호사와 상의하라. 그게 가장 안전하고 현명하다.

구조별 예시를 들어보자. 온라인 쇼핑몰처럼 규모가 작은 사업은 간단한 유한책임회사 구조로도 충분할 수 있다. 반면, 회사를 빠르게 키워서 매각할 계획이라면, 주식회사 구조가 더 유리할 수 있다. 왜냐하면 주식회사 구조는 조금 더 많은 세금을 내야 하긴 해도, 나중에 회사를 매각할 때 양도소득세를 면제받을 수 있는 혜택이 있기 때문이다(미국 세법상, 소기업 주식 면세 제도에 해당된다). 반대로, 빨래방처럼 안정적이지만 큰 매각 차익이 기대되지 않는 사업이라면 복잡한 구조보다 단순하고 운영이 쉬운 유한책임회사 구조가 훨씬 효율적이다. 결국, 사업을 어떻게 운영할 것인지, 성장시킬 것인지, 팔 생각이 있는지에 따라 가장 적합한 구조가 달라진다. 처음이라면 반드시 전문가의 조언을 받아 결정하자.

또 하나 중요한 결정은 바로, 사업을 어떤 방식으로 인수할 것인가다. 크게 '자산 인수'와 '주식 인수'라는 두 가지 방식이 있다. 자산 인수는 장비, 재고, 부동산 등 사업체의 특정 자산만 선택해 인수하는 방식이다. 법인 자체나 기존의 부채는 인수하지 않는다. 책임을 줄이고, 필요한 자산만 가져오고 싶을 때 주로 선택한다. 반대로, 주식 인수는 사업체 전체를 통째로 인수하는 방식이다. 자산뿐 아니라 회사 이름, 신용 기록, 기존 계약, 채무까지 모두 승계된다. 기존의 브랜드 가치나 계약 관계가 중요할 경우 이 방식을 고려한다. 처음엔 복잡하게 느껴질 수 있지만, 실제로는 변호사와 상황에 맞게 함께 결정하면 어렵지 않다.

다음으로 중요한 절차는 바로 '구매 금액 배분'이다. 이는 전체 인수 금액을 어떤 자산에 얼마씩 배정할지, 매도자와 매수자가 합의하는 과정이다. 이 배분 방식에 따라 양측의 세금 부담이 달라질 수 있으므로, 계약 마무리 단계에서 꼭 신경 써야 할 요소다. 보통 자산은 다음 4가지 항목으로 나뉜다.

- 비품 및 장비: 사무용 가구, 컴퓨터, 트럭 등 유형 자산
- 재고: 현재 보유 중인 판매 가능한 제품 또는 원재료
- 경쟁금지 계약: 매도자가 향후 같은 업종에서 경쟁하지 않겠다는 약속이다. 세금 측면에서 매수자에게 유리하게 작용할 수 있다. 일정 금액을 이 항목에 배정하면 계약 효력도 높아진다.
- 영업권: 브랜드 가치, 고객 인지도, 평판, 입지 등 무형 자산으로, 순자산을 초과한 프리미엄 가치라고 보면 된다.

예를 들어 회사를 8억 원에 인수했다고 하자. 이 금액을 4가지 항목 중 어디에 얼마나 배분하느냐에 따라 매수자와 매도자의 세금 계산이 완전히 달라질 수 있다. 즉, 단순히 '얼마에 샀는가'보다 '어디에 얼마를 배정했는가'가 세금에 더 큰 영향을 미친다.

| 인수 금액 8억 원 ||||
|---|---|---|---|
| 항목 | 매수자 측 세무 처리 | 배분안 1 | 배분안 2 |
| 비품 및 장비 | 감가상각 대상 | 7억 원 | 2억 6000만 원 |
| 재고 | 매출 원가로 처리 | 7000만 원 | 7000만 원 |
| 경쟁금지 계약 | 일반 비용으로 처리 | 700만 원 | 700만 원 |
| 영업권 | 15년 분할 상각 | 2300만 원 | 4억 6300만 원 |

변호사라고 해도 딱 잘라 말해줄 수 없는 게 두 가지 있다. 첫째, 이 거래가 좋은 거래인지. 둘째, 당신의 동업자가 믿을 만한 사람인지다. 이는 오직 당신만이 판단할 수 있다. 내가 확실히 말할 수 있는 건 하나다. 만약 당신이 함께 일하고 싶은 동업자가 있는데, 동업 계약서를 쓰지 않고 시작하면 나중에 반드시 문제가 생긴다. 그 이유에 대해서 지금부터 설명하겠다.

### 동업자를 원한다면 반드시 알아야 할 것들

사업에서 가장 큰 실수는 '어떤 행동을 하느냐'가 아니라 '어떤 사람과 함께하느냐'에 달렸다. 특히 사업을 처음 시작하는 사람들일수록 아무나와 덜컥 동업 관계를 맺는 실수를 자주 한다.

"하지만 혼자 하는 것보다 재밌잖아요! 정말 유능한 사람이에요. 같이 하면 시너지가 날 거예요. 함께 부자가 될 기회잖아요!"

물론 그럴 수 있다. 하지만 아닐 가능성이 더 크다. 나는 동업에 관해 이야기할 때마다 벤저민 프랭클린이 1745년에 쓴 다소

파격적인 글, 〈젊은이에게 주는 정부 선택 조언Advice to a Young Man on the Choice of a Mistress〉을 인용하곤 한다. 이 글에서 '정부'를 '동업자'로 바꿔서 읽으면 많은 것이 보인다. 프랭클린은 말한다. "정부를 꼭 둬야 한다면 나이가 많은 사람을 선택하라. 왜냐하면 세상 물정에 더 밝고, 지식이 풍부하며, 감사할 줄 알기 때문이다!"

워런 버핏과 찰리 멍거도 자신들의 동업 관계를 비슷하게 설명했다. 한 사람은 경험이 더 많았고, 두 사람 모두 감사할 줄 알았다. 경험과 감사, 이 두 가지를 우선하라. 동업자는 내가 책임지고 돌봐야 하는 사람이 아니다. 떠올릴 때 자연스럽게 미소가 나오는 사람이어야 한다.

이상형과 결혼해도 실패할 확률은 50퍼센트나 된다. 사업 파트너는 더 어렵다. 가족애를 기대할 수 없다. 고난과 재난과 권태 속에서도 함께 가야 한다. 절대 가볍게 시작할 일이 아니다.

결론은 간단하다. 첫 사업은 혼자 하라. 지분을 함부로 나눠주지 말라. 물론 훌륭한 동업 관계라면 강력한 시너지를 낼 수 있다. 하지만 '좋은 사람'과 '좋은 동업자'는 별개다. 그 사람이 진짜 동업자로 적합한지 확인하려면 단발성 프로젝트를 함께 해보는 게 가장 좋은 방법이다. 결혼 상대를 고르듯 신중해야 한다.

성공의 대가는 결코 가볍지 않다. 동업자는 이 모든 걸 함께 감당할 준비가 된 사람이어야 한다. 늦은 밤까지 일하고, 터무니없는 소송에 시달리고, 돈을 도둑맞고, 데이트 약속을 갑자기 취소해야 하고, 직원을 해고하고, 어려운 결정을 내려야 한다. 이런 현실을 함께 버틸 수 없다면, 동업 관계는 절대 오래갈 수 없다.

첫 사업 이후에 함께 할 동업자를 찾고 싶다면, 반드시 기준을 두고 꼼꼼하게 평가해야 한다.

**구체적이고 명확한 기준을 세우고 동업을 시작하라**

좋은 동업자의 특징

- 과거에 성공한 경험이 많다.
- 오랜 시간 함께한 사람들이 있다.
- 혼자서도 성공할 수 있지만, 함께 하기를 선택했다.
- 궂은일도 마다하지 않는다.

나쁜 동업자의 특징

- 과거에 실패한 경험이 많다.
- 주변에 오래 함께한 사람이 없다.
- 의존적인 성향이 강하다.
- 전략만 거창하게 이야기한다.

처음 동업자를 찾을 때, 나에게는 위와 같이 동업자를 판단하는 분명한 기준이 없었다. 친구를 동업자로 착각했고, 그 실수의 대가는 혹독했다. 변호사 비용으로 엄청난 돈과 시간을 날렸으며, 힘든 대화를 피한 끝에 친구마저 잃었다. 성공하려면 불편한 대화를 감수할 줄 알아야 한다. 그래서 요즘은 누군가와 거래를 시작하기 전, 사전 조사를 철저히 한다. 다음은 내가 인수 동업자를 고를 때 반드시 따르는 원칙들이다.

- 신뢰하되 검증하라. 철저한 신원조회는 기본이다. 그 사람과 함께 일했던 사람들 중에서 적어도 10명의 말을 들어보라. 업체 후기, 소비자보호원 기록, 투자 유치 이력까지 확인하라. 사람은 흔적을 남긴다.
- 끝을 염두에 두고 시작하라. 지금 둘이 결별한다고 가정해보라. 어떤 조건을 미리 정해두었어야 후회하지 않을까?
- 50:50 지분은 금물. 반드시 한 명은 최종 의사결정권자여야 한다. 공동 책임은 곧 무책임이 된다.
- 지분을 선지급하지 말라. 투자금이나 일정 성과를 조건으로 분배하라. 일하기도 전에 지분을 나눠주는 건 위험하다.
- 지분은 점진적으로 이양하라. 예를 들어 운영자에게 20퍼센트를 주고 싶다면, 1년마다 5퍼센트씩 지급한다. (나는 보통 CEO에게 10퍼센트 정도를 주고, 성과에 따라 추가로 배정한다.)
- 지분 회수 조항은 필수다. 목표 미달 시 지분을 회수할 수 있는 조항을 포함하라. 실적이 형편없는 파트너에게 지분을 줄 이유는 없다.
- 초기에 조건을 확정하라. 동업자가 나가고 싶어질 때를 대비해, 그 지분을 정해진 기준으로 인수할 수 있는 조건을 미리 정해두라.
- 문서화하지 않으면 '없던 일'이다. 운영 계약서와 고용 계약서를 반드시 작성하라. 기대 역할, 성과 기준, 미달 시 조치를 구체적으로 명시해야 한다.
- '보이지 않는 간섭'에 대비하라. 동업자의 배우자나 가족 등

제삼자의 간섭으로부터 사업을 보호하는 조항을 넣어라.

◦ 변호사를 '똑똑한 악역'으로 활용하라. 모든 계약서는 반드시 사전에 변호사의 검토를 거쳐야 한다.

이 모든 원칙을 따른다고 해서 모든 문제가 예방되는 건 아니다. 그래서 동업은 무조건 신중하게 시작해야 한다. 마지막으로, 꼭 기억해둘 몇 가지 조언을 덧붙인다.

- 동업은 시작은 쉽고, 끝은 어렵다.
- 사람은 변한다. 돈이 얽히면 누구든 최악의 모습을 드러낼 수 있다.
- 인센티브가 사람을 움직인다. 성과와 상관없이 돈이 들어오면 나태해지기 마련이다.
- 타인에게 무례한 사람은 언젠가 당신에게도 그러할 가능성이 크다.
- 동업자는 당신만큼 간절하지도, 노력하지도, 버티지도 않을 것이다. 계약 조건은 이 현실을 반영해야 한다.

이제 실사를 마치고, 본격적인 거래 협상 단계로 넘어갈 시간이다. 재정적 자유를 향한 여정의 전환점이라고 할 수 있다. 내 경험(에서 나온 쓰디쓴 교훈)을 바탕으로, 거래를 협상하고 성사시키는 실전 팁들을 소개하겠다.

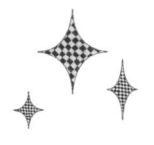

6장

# 협상의 승패를 결정하는 열쇠를 얻는 법

세상일 대부분에는 매뉴얼이 있다. 가이드라인, 안전장치, 사용 설명서 같은 것들 말이다. 하지만 거래 협상에는 그런 게 없다.

부동산 계약을 예로 들어보자. 읽지도 않은 서류에 서명하고 도장을 찍는 일이 반복되지만, 워낙 표준화된 시장이기에 대부분 큰 문제가 생기지 않는다.

그러나 '사업 인수'는 얘기가 다르다. 정해진 절차도, 표준 계약서도, 보호 장치도 없다. 서로 만나든, 이메일을 주고받든, 전화로 이야기하든, 거래가 끝날 때까지 모든 법률 문서가 수시로 수정될 수 있다.

이게 무슨 뜻일까? 거래가 순조롭게 성사될 수도 있지만, 아무 예고 없이 완전히 무너질 수도 있다는 뜻이다. 누구도 실패를 원하진 않지만, '룰 없는 세계'에서는 '내가 모르는 룰'이 발목을 잡는다.

이제부터 내가 직접 실전에서 체득한 협상의 핵심 원칙들을 소개하려 한다. 물론 이 모든 것이 내 머릿속에서 나온 건 아니다. 나 또한 여러 거장에게 배워가며 여기까지 왔다. 이제 그 배움을 나누겠다.

## 진짜 고수는 '조건'을 장악한다

데이비드 오스본은 성공한 사업가다. 철저한 현실주의자이며, 허튼소리를 전혀 하지 않는다. 처음 만났을 땐 나에게 무려 16쪽 분량의 성격 테스트를 작성해오라고 했을 정도다. 그래도 나는 그를 정말 좋아한다. 요즘 세상에 듣기 싫은 말도 기꺼이 해주고, 왜 그 말을 들어야 하는지 설명해주는 사람은 드물기 때문이다.

어느 날, 우리는 산책을 하다가 중요한 대화를 나눴다. 당시 나는 수백억 규모의 거래 협상을 하고 있었고, 솔직히 말해 완전히 말아먹고 있었다. 가격을 두고 다툼이 치열했고, 나는 어떻게든 인수가를 낮추려 했지만 매도자는 요지부동이었다. 거래는 점점 감정싸움으로 번지고 있었다. 그때, 데이비드가 한마디 던졌다. 지금도 잊히지 않는 말이다. 그리고 나는 지금까지 그 말을 수없이 인용해왔다.

내 조건이면 네 가격으로 해줄 수 있고, 네 조건이면 내 가격이어야 해. 하지만 둘 다 가져갈 순 없어.

그는 이렇게 덧붙였다. "넌 지금 너무 가격에만 집착하고 있어. 조건을 장악하면 결국 가격도 따라오게 돼." 그는 예를 하나 들었다. "연 매출 10억 짜리 사업이 있다고 치자. 내가 그 사업을 100억에 사겠다고 하면, 넌 당연히 팔겠지? 그런데 그 100억을 매일 만 원씩 내겠다고 하면 어때? 여전히 그 조건을 받아들이겠어? 생각이 달라졌지? 이게 바로 '조건'의 힘이야."

모든 협상은 결국 두 가지로 귀결된다. 가격과 조건. 수많은 변수와 조합이 있지만, 이 두 축을 얼마나 현명하게 다루느냐가 관건이다. 진짜 고수는 '조건'을 통제한다.

실제 사례가 있다. 내 친구는 연간 순이익 3억 원 규모의 회사를 인수하려 했다. 그는 2배인 6억 원을 제안했고, 매도자는 4배인 12억 원을 요구했다. 가격 간극이 컸지만 그는 '조건부 인수가'라는 묘수를 썼다. 그가 제안한 조건은 다음과 같다.

- 사업이 분기당 8000만 원의 수익을 달성하면, 매도자가 요구한 가격인 12억 원을 지불하겠다.
- 실적을 초과하면 인수 가격이 올라가고, 미달하면 줄어든다. 예를 들어 1분기 수익이 6000만 원이면 일부 감액, 1억 원이면 추가 지급된다.

결과는? 예상대로 사업 실적은 매도자의 기대에 못 미쳤고, 최종 인수가는 약 6억 원이 조금 넘는 선에서 마무리됐다. 하지만 실적이 초과된 분기도 있었기 때문에 양측 모두 만족하는 거래가 될 수 있었다.

## 좋은 거래를 만드는 태도에 대하여

**호감 가는 사람이 언제나 유리하다**

때로는 협상의 열쇠가 도넛 같은 맛있는 디저트일 때도 있다. 달콤한 간식, 진한 커피 한 잔, 편안한 분위기. 이 조합을 절대 과소평가하지 말자.

내 인수 동업자는 자주 이렇게 말한다. "호감 가는 사람이 실력 있는 사람을 아홉 번 중 여섯 번은 이긴다." 정말 맞는 말이다. 우리는 한 회사를 인수하면서 선금으로 9000만 원을 지불하기로 했는데, 내가 실수로 8000만 원을 송금한 적이 있다. 그 사실을 내 동업자가 6개월쯤 지나서야 알게 됐다. "우리 1000만 원 덜 보냈더라고요." 맙소사, 내가 그런 실수를 하다니! 그런데 그가 웃으며 말했다. "매도자가 우릴 참 좋게 봤나 봐요. 여태껏 따진 적 없는 걸 보니." 우리는 황급히 1000만 원을 추가 송금했지만, 매도자는 단 한 번도 그 얘기를 꺼내지 않았다. 이게 바로 호감의 힘이다.

요즘 협상 테이블엔 자만심에 가득 찬 공격적인 거래자들이 넘쳐난다. 그 속에서 '호감 가는 사람'이 되는 건 생각보다 쉽다. 솔직하라. 현실적인 기대치를 설정하라. 매도자를 존중하라. 그리고 여유가 된다면, 도넛과 감사 카드를 챙겨라. 수많은 문자와 이메일이 오가는 세상에서 따뜻한 악수 한 번, 손으로 쓴 카드 한 장이 훨씬 오래 기억에 남는다.

**인내심은 기본이다**

증권사 협상가들 사이엔 유명한 일화가 있다. 그들은 경쟁 협상팀을 회의실로 불러들여 물과 커피를 넉넉하게 제공하곤, '죄송하게도' 화장실이 공사 중이라고 둘러댔다. 회의실을 나가는 건 곧 협상 결렬을 의미했기에, 점점 초조해진 상대 팀은 결국 까다로운 조건에도 계약서에 서명하고 안도의 한숨을 쉬었다. 나는 이런 방식을 선호하진 않지만, 메시지는 분명하다. 기다릴 줄 아는 사람이 이긴다.

내가 성사시킨 최고의 거래 중 하나도, 상대가 거래를 너무 간절히 원했던 경우였다. 그들은 내게 전화와 이메일을 끊임없이 보내며 압박했다. 너무 밀어붙이니까 덩달아 조급해졌다. 그때 내 변호사가 딱 한 마디를 건넸다. "그 여인의 항변이 지나치다."『햄릿』에 나오는 유명한 대사로, 지나치게 열띤 맹세는 오히려 의심스럽다는 뜻이다. 즉, 상대는 잔뜩 허세를 부리는 중이니 끌려가지 말고 침착하게 대응하라는 조언이었다. 보통 시끄러운 사람들보다 조용한 사람들이 더 무섭다. 소리 없이 움직이는 쪽이 진짜 강자일 수 있다.

**찡그림과 질문의 힘**

때로는 무슨 말을 하느냐보다, 어떻게 말하느냐가 더 중요하다. 내가 자주 쓰는 작지만 효과적인 요령이 하나 있다. 매도자가 기대보다 높은 가격을 제시하면, 나는 말 없이 얼굴을 살짝 찡그린다. 그러면 상대는 그 가격이 정당한 이유를 스스로 설명하기 시작한다. 그 과정에서 중요한 정보가 드러나고, 상대는 자연스럽게 수세에 몰린다. 심지어 스스로 가격을 깎기 시작할 때도 있다. 그렇지 않다면, 나는 다시 거래의 '실질 가치'로 초점을 돌리고, "제가 어떻게 그 가격을 맞출 수 있을까요?"라고 묻는다. 이는 사실상 거절이지만, 사람이 아닌 '문제'에 초점을 맞춘 정중한 방식이다.

가격을 깎으려면 '시장'을 핑계 삼아라. "이 정도 수익 구조로는 은행 대출 승인이 어렵습니다." "비슷한 업종의 최근 매매 사례를 보면, 시세보다 많이 높습니다." 이렇게 외부 요인을 들이대면, 매도자의 반발을 줄일 수 있다. 가볍게 찡그리는 표정과 한 마디 질문의 힘을 절대 과소평가하지 말자.

**그들의 홈그라운드에서 만나라**

많은 사람이 워런 버핏을 최고의 투자자로 꼽지만, 내 마음속 으뜸은 샘 젤Sam Zell이다. 그는 망해가는 기업과 부동산을 헐값에 사들여 되살리는 능력으로 '묘지 위에서 춤추는 자'라는 전설적인 별명을 얻었다. 나는 그의 조언을 자주 떠올린다.

이제 나는 웬만한 상대는 다 내 사무실로 부를 수 있습니다. 하지만 그렇게 해서는 그 사람에 대해 제대로 알 수 없습니다. 그래서 매년 비행기를 타고 전 세계를 누비며 사람들을 만납니다. 그들이 자기 땅에서 어떤 모습인지, 직원들을 어떻게 대하는지, 어떤 본보기를 실천하는지 직접 보고 싶기 때문입니다.

대부분은 키보드 뒤에서 편안하게 거래를 마무리하고 싶어 한다. 하지만 나는 직접 찾아가 대면하고, 악수하고, 현장을 둘러본다. 백문이 불여일견이라고 말로 듣는 것보다 직접 보는 것이 훨씬 낫다.

### 언제든 돌아설 준비를 하라

되돌려받을 수 없는 사랑은 절대 주지 말라. 거래가 어느 정도 진척된 상태에서 '매몰 비용의 함정'에 빠지는 건 치명적인 실수다. 이미 시간과 돈을 들였다는 이유만으로 '이 거래를 꼭 성사해야 한다'고 착각하기 쉽다. 작은 조항 하나, 조건 하나를 양보하다 보면 어느새 피를 철철 흘리게 된다. 그러니, 감당 가능한 손실 한계선을 미리 정하고 반드시 지켜라. 소규모 사업 인수의 세계에는 기회가 넘친다. 하지만 거래에 들인 시간은 보상의 크기와 비례하지 않는다. 피터 드러커가 한 말을 기억하자. "우리는 숫자를 알기에 고통받는다." 아무리 기대가 부풀어도, 계산기를 먼저 두드려라. 수지 타산이 맞지 않는다면 감정에 흔들리지 말고 돌아서라. 내가 거래 전에 알았더라면 좋았을 진리들은 다음과 같다.

- 덜 원하는 쪽이 이긴다.
- 자신을 위해 선택지를 넓히라.
- 상대방의 말을 되풀이하며 요점을 짚고 요약하라.
- 협상은 9시부터 5시 사이에만 이뤄지지 않는다.
- 비교 대상이 없으면 좋고 나쁨도 없다.
- 문서화하지 않으면 없던 일이다.
- 후속 질문은 비장의 무기다.
- 많이 말하는 사람이 진다.
- 많이 묻는 사람이 이긴다.

협상은 과학이 아니라 예술이다. 시간과 연습이 필요한 숙련의 영역이다.

## 거래 마무리하기

가격과 조건만으로 거래가 완성되는 것은 아니다. 거래는 디테일에서 무너질 수 있다. 모든 경우를 예측하긴 어렵지만, 문제가 자주 발생하는 상황은 미리 대비하자.

**마지막까지 신경 써야 하는 세금**

계약서에서 중요한 건 단순한 인수 가격이 아니다. 앞에서도 언급했다시피, 그 가격이 어떤 항목에 얼마씩 배정되어 있는지가 핵심이다. 예를 들어, 인수 가격 중 얼마가 장비에 해당하고, 얼마가 영업권에 해당하는가? 이 배분에 따라 매수자와 매도자의 세금 부담이 크게 달라진다.

일반적으로 매도자는 영업권 비중이 클수록 유리하다. 영업권 매각 차익은 대개 장기자본 이득으로 분류되어 세율이 낮아질 수 있기 때문이다. 반면 매수자에게는 영업권보다 장비 쪽에 금액이 배정되는 편이 유리하다. 장비는 빠른 감가상각(또는 일시 비용 처리)이 가능해 세금 공제 효과를 빨리 누릴 수 있기 때문이다.

매도자가 계약서를 작성하면, 이런 일이 종종 벌어진다. "가격과 조건은 이미 다 합의했죠?" 그러면서 마지막 페이지에 슬쩍 과도한 영업권 금액을 끼워 넣는다. 이건 매수자에게 세금 부담을 전가하려는 전형적인 시도다. 단호하게 대응하라. "이 부분은 저희 회계사와 다시 조율해야겠습니다."

**깜빡했다간 화를 부르는 조항들**

대부분의 거래에는 매도자가 인수 직후 동일 업종으로 재창업하지 못하도록 막는 경쟁 금지 조항이 포함된다. '50년간 경쟁 금지' 같은 과도한 조항은 오히려 계약 전체를 무효화시킬 수 있으니, 반드시 변호사와 함께 검토해야 한다.

또한, 인수 이전에 발생한 사건이나 분쟁에 대해 책임지지 않도록 명확히 해야 한다. 예를 들어, 인수 전 고객과의 분쟁이나 잠재적 소송이 있었다면, 그 책임은 매도자에게 있어야 한다. 실사 과정에서 드러나지 않은 법적 리스크까지 포함하여, 면책 조항을 계약서에 명시하라. 이밖에 추가로 확인할 목록은 다음과 같다.

- 자산 및 재고 목록: 누락 없이 계획서에 포함되어 있나?
- 비유인 조항non-solicit clause: 매도자가 직원이나 고객을 데려가지 못하도록 제한할 필요는 없나?
- 조건부 조항contingency: 특정 조건이 충족되지 않을 경우를 대비한 장치는 마련되어 있나?

인생에는 오래도록 기억에 남을 순간들이 있다. 이 순간이 바로 그중 하나다. 나는 처음으로 '소유자' 자격으로 계약서에 서명하던 날을 기억한다. 더는 책임을 미룰 곳도, 의지할 사람도 없었다. 모든 것이 내 손에 달려 있었다. 두렵고도 짜릿했다. 나는 누구나 인생에서 한 번쯤은 자기 이름으로 책임지는 자리에 서야 한다고 믿는다. 삶이란 결국 자신의 한계를 시험하는 여정이니까. 지금 당신은 사람들 대부분이 시도조차 하지 않는 길을 걷고 있다. 사업 인수는 어렵다. 창업도 어렵다. 직장 생활도 어렵다. 그러니 당신만의 '어려움'을 선택하라.

# STEP 3

# 지휘하라

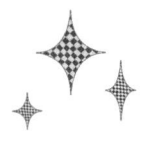

**7장**

# 내가 일하지 않아도 사업은 굴러가야 한다

초보 사업주들이 가장 자주 하는 질문이 있다.

"사업은 샀는데, 이제 어떻게 운영하죠?"

대부분의 신규 사업주는 운영에 어려움을 느낀다. 나처럼 30개가 넘는 사업체를 동시에 관리하는 사람이 있다고는 상상조차 못 한다.

비결은 단순하다. 나보다 더 잘 운영할 수 있는 사람을 고용하라. 사업은 스포츠처럼 연습한다고 실력이 느는 영역이 아니다. 결국 성과는 '누가 일하느냐'에 달려 있다. 여러 사업을 동시에 관리하는 건 결코 쉬운 일이 아니다. 그렇기에 처음에는 단 하나의 사업에 집중해야 한다.

스포츠는 연습에 달려 있다.

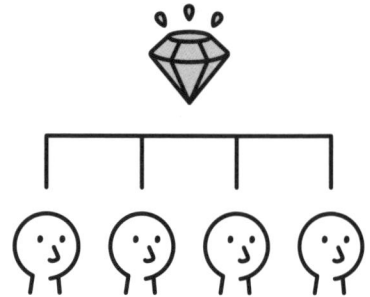
비즈니스는 인재에 달려 있다.

이때 중심이 되는 인물이 바로 운영자다. 운영자는 당신이 자금을 조달하고 다음 거래를 탐색하는 동안, 일상적인 사업 운영을 책임지는 실질적인 리더다.

혹시 '나는 일하지 않고 남들이 알아서 돈 벌어주는' 그림을 꿈꾸는가? 그 전에, 두 가지 일화를 들어보자.

### '가족 같은' 운영자는 없다

내가 마침내 사업장 열쇠를 손에 넣었을 때의 이야기다. 함께 사업을 이끌어갈 동업자가 있었다. 12년 된 사업체의 수익은 쏠쏠했고, 앞으로 수억 원을 둘이 나눠 가질 거라 믿었다. 적어도 나는 그렇게 생각했다.

동업자가 이 사업을 직접 발굴했고, 운영자 역할을 맡겠다고 자처했다. 이보다 완벽할 수 있을까 싶었다. 몇 달이 지나고, 성장은 예상보다 더뎠지만 그러려니 했다. 가끔 운영 현황을 점검했고, 사소한 의견 충돌도 있었지만, 기본적으로는 동업자이자 운영자인 그가 많은 부분에서 자율권을 가졌다. 나는 그를 거의 가족처럼 여겼다.

그러던 어느 날, 가족과 여름휴가를 보내던 중 회계사에게서 메일이 한 통 도착했다. 휴가 중인 운영자를 대신해 재무 상태를 점검한 회계사는 '숫자가 이상하다'고 했다. 급히 연락을 시도했지만, 운영자는 전화를 받지도, 문자를 읽지도 않았다. 그제야 사태의 심각성을 깨달았다.

알고 보니, 그 사업은 사실상 이익을 내지 못했고, 남은 자금은 운영자의 유럽 여행 경비로 사라졌을 가능성이 컸다. 나는 몇 달간 밤잠을 설치며 상황을 수습했고, 몇몇 인간관계에서도 곤란한 상황을 겪어야 했다. 다행히 회사를 다시 정상 궤도로 돌려놓을 수 있었지만, 쓰디쓴 교훈을 얻었다. '가족 같다'라는 말은 결코 쉽게 쓸 게 아니다.

### 프로와 일해보면 절대 이전으로 돌아갈 수 없다

그렇다면 유능한 운영자는 어떤 사람일까?

"이 2000만 원은 어디서 들어온 거야?"

"아, 우리가 투자한 회사에서 온 배당금이에요. 포트폴리오 회사 운영자가 보냈죠."

아무 일도 하지 않았는데 돈이 들어왔다. 하지만 이건 우연도 행운도 아니다. 포트폴리오 회사의 운영자는 맡은 일을 철저히 해내고, 약속한 건 반드시 지킨다. 나리보다 회사를 더 잘 운영한다. 그의 인센티브가 높아질수록 회사 실적은 그만큼 올라간다.

이것이 좋은 운영자의 힘이다. 사업주는 사업주의 역할을 다하고, 운영자는 자기 책임을 다하면, 인생을 즐기는 동안에도 돈은 계속 들어온다.

물론 그도 실수할 때가 있다. 하지만 그는 실수를 숨기지 않고 먼저 인정한다. 그리고 단 한 번이라도 진짜 프로와 일해본 사람은 다시는 아마추어와 일하고 싶어 하지 않는다.

많은 사람이 사업 운영은 너무 어렵다고, 평범한 사람은 절대 해낼 수 없다고 말한다. 그러면 나는 이렇게 묻는다. "그렇게 어렵다면서 왜 다시 직장인으로 돌아가지 않죠?" 그러면 그들은 멋쩍게 웃는다. 아무래도 이쪽이 더 낫기 때문이다.

이번 장에서는 내가 사업에 휘둘리지 않고 진정한 '소유주'가 될 수 있었던 구조를 소개하려 한다.

## 운영자를 반드시 고용해야 할까?

운영자가 꼭 필요할까? 짧게 말하면, 꼭 그런 건 아니다. 나 역시 처음에는 인수한 사업을 직접 운영했다. 하지만 혼자 다 하는 것보다 훨씬 더 재미있고 효율적인 방법이 있다. 내가 처음 인수했던 빨래방을 예로 들어보자.

나는 세탁기를 고치는 법은커녕 사용하는 법조차 잘 몰랐다. 그러니 주인 자격으로 빨래방에 처음 출근했을 때 어땠을지 상상할 수 있을 것이다. 나는 차라리 상어 떼 사이에서 헤엄치는 게 낫겠다고 느꼈다. 대량 세제를 섞고, 동전 투입기를 열고, 기계를 점검하는 일까지, 모든 게 낯설고 어색했다. 겉보기엔 단순하고 지루한 사업 같아도, 실제로는 전문 지식과 경험 없이는 감당할 수 없는 낯선 세계였다. 나는 그야말로 민폐 덩어리였다.

다행히도, 이 모든 기술을 잘 아는 사람이 있었고, 그 덕분에 사업은 정상적으로 돌아갈 수 있었다. 그는 단순한 조력자가 아니라 책임자였다.

낯선 분야의 사업을 소유하게 되면, 모든 것이 어색하고 자신 없을 수 있다. 심지어 이런 생각이 들 수도 있다. "내가 이 사업에 정말 필요한 존재일까?" 하지만 답은 분명하다. "그렇다." 당신이 운영자에게 의지하듯, 운영자도 당신에게 의지한다. 이 관계는 일방적인 위임이 아니라 상호 의존적인 공생 관계다. 당신이 가진 자본과 운영자의 전문성이 만나야 비로소 사업이 제대로 굴러간다.

내 경우 운영자 고용은 선택이 아니라 필수였다. 그가 매일 현장을 철저히 관리해준 덕분에 나는 자금 마련과 사업 확장, 다음 거래 탐색에 집중할 수 있었다. 우리는 서로 다른 능력을 지녔지만, 완벽한 파트너십을 맺어 더 큰 수익을 만들어냈다.

그게 바로 이 게임의 본질이다.

### 운영자에게 얼마를 지급해야 할까?

나는 '너도나도 일단 1억' 원칙을 따른다. 즉, 한 사업체에서 사업주와 운영자 모두 연간 1억 원은 넘게 벌 수 있어야 한다는 뜻이다. 그래서 연간 순이익이 3억 원 미만인 사업은 애초에 인수하지 않는다. 나도 최소 1억 원은 넘게 벌어야 하고, 운영자에게도 그만큼 지급해야 하기 때문이다.

왜 이렇게까지 기준을 엄격하게 잡을까? 투자 세계에서 가장 중요한 개념 중 하나가 바로 '안전 마진'이기 때문이다. 워런 버핏은 이렇게 설명한다. "'하중 5톤'이라고 쓰인 다리 위로 4.9톤짜리 트럭을 억지로 몰고 가지 마라. 그보다는 조금 더 돌아가더라도 '하중 7.5톤'이라고 쓰인 다리를 찾아라."

나에게는 또 다른 원칙이 있다. 내 삶을 편하게 해주는 사람에겐 아낌없이 보상한다. 불만은 언제나 박한 보상에서 시작된다. 그

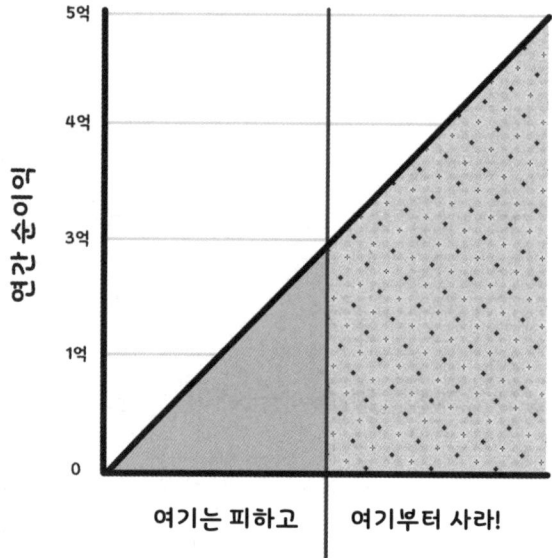

래서 나는 초반에는 내 몫을 줄이더라도 운영자에게 먼저 충분한 수익을 챙겨준다.

예를 들어, 당신이 연봉 7000만 원에 만족하는 사람이라고 해보자. 연간 순이익 1억 6000만 원인 자동차 수리점을 인수했다면, 운영자에게 적정 연봉인 8000만 원을 지급하고도 당신 몫으로 8000만 원이 남는다. 겉보기에 훌륭한 그림이다. 하지만 중요한 전제가 있다. 사업이 언제나 순조롭게 돌아간다는 보장은 없다는 것. 수익이 조금만 줄어도 당신은 자신의 급여를 줄이거나, 운영자의 연봉을 깎거나, 더 저렴한 인력을 찾아야 할 수도 있다.

바로 그래서 '안전 마진'이 필요하다. 운영에 직접 뛰어들 생각이 없다면, 그 자리를 맡길 만큼 유능한 운영자에게 정당한 보상을 해야 한다. 그러기 위해서는 그 보상이 충분히 가능한 만큼의 여유 있는 수익 구조를 갖춘 사업을 인수해야 한다. 겨울을 대비해 저장고에 곡식을 남겨두듯, 예기치 못한 위기를 버티기 위해서도 늘 일정한 여유가 필요하다. 투자도 마찬가지다.

그리고 꼭 기억하라. 돈은 여러 당근 중 하나일 뿐이다. 정말 뛰어난 인재를 영입하고 싶다면, 단순한 연봉 이상의 보상 체계가 필요하다. 운영자의 동기를 자극하면서, 당신과 이해관계가 자연스럽게 일치하도록 하는 3가지 방법이 있다.

- 성과급 시스템: 운영자가 핵심성과지표KPI를 달성했을 때 성과급을 지급하는 인센티브 제도다. 예를 들어, 1년 안에 매출을 1000만 원 늘리면, 그중 5퍼센트인 50만 원을

## 직원들이 일하는 이유

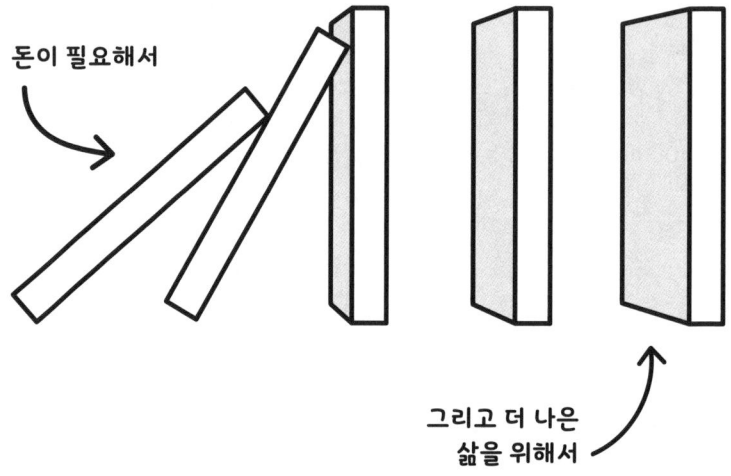

성과급으로 지급한다. 이렇게 하면 운영자의 노력과 사업의 성과가 직접 연결되므로 책임감과 주인의식이 자연스럽게 따라온다. 행동을 유도하는 데 이보다 더 즉각적인 수단은 없다.

▫ 지분 제공: 성과 기반으로 지분을 부여하거나 지분 매입 옵션을 제안하는 방식이다. 예를 들어, KPI를 1년간 꾸준히 달성하면 지분 2퍼센트를 부여하고, 3년 연속 연매출 20퍼센트 성장을 달성하면 지분 5퍼센트를 추가로 제공하는 식이다. 이 방식은 특히 역량이 검증된 인재에게 효과적이다. 사업이 성장할수록 운영자도 함께 실질적인 보상을 얻는 구조이기 때문이다.

▫ 장기 근속 수당: 재직 기간과 성과를 함께 고려한 장기 보상 구조를 설계하라. 예를 들어, 3년, 5년, 10년 단위로 근속 시점에 따라 보상 수준을 차등 지급하는 방식이다. 이런 구조는 운영자가 회사를 자신의 커리어 기반으로 여기고 장기적으로 성장하고자 하는 동기를 부여한다.

기업가 나발 라비칸트가 말했듯이, 오래 갈 사람과 오래 일을 하라. 성공은 상생 구조를 설계함으로써 만들 수 있다. 운영자가 주인의식과 책임감을 품고 사업 성장에 몰입할 수 있도록 보상과 동기 부여 체계를 마련하라. 그들의 성공이 곧 당신의 성공이 될 것이다.

## 인재를 쫓지 말고, 끌어당기자

대부분의 채용 공고는 너무 딱딱하고 밋밋하다. 사무적인 표현만 가득해서 어떤 매력도 느껴지지 않는다.

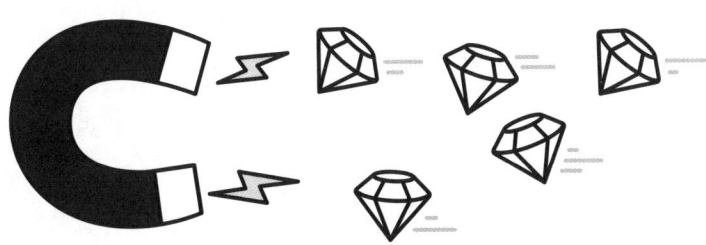

남극 탐험가 어니스트 섀클턴 경이 썼다고 전해지는 구인 문구가 있다.

험난한 여정에 동행할 선원 구함. 낮은 보수, 혹독한 추위, 끝없는 어둠 속 장시간 노동. 무사 귀환은 불확실. 단 성공 시 영광과 명예 보장.

이 글은 '역대 최고의 구인 공고'로 불린다. 왜일까? 단순한 일이 아니라, 도전이자 모험처럼 느껴지기 때문이다. 당신의 구인 공고도 그래야 한다. 안정만을 바라는 사람들은 사무실에 틀어박혀 연봉 3퍼센트 인상에 만족할 것이다. 하지만 진짜 인재는 심장이 뛰는 일을 찾는다. 그러니 평범한 정보 나열에 그치지 말고, 당신만의 언어로 열정과 창의력, 진심을 담아라.

여기 트위터에 올라온 훌륭한 공고를 함께보자.

> [공고] 계약직 인턴을 구합니다.
> 저희가 귀하께 드리는 급여는 당장 부자가 될
> 만큼은 아닙니다. 일은 쉽지 않을 겁니다. 하지만
> 그만큼 많이 배우게 될 겁니다.
> 처음이니 부족할 수 있다는 거, 저도 잘 알고
> 있습니다.
> 제가 당신의 생각을 묻는다면, 정답을 말하라는 뜻이
> 아니라 진심으로 궁금해서일 겁니다.

"할 수 있겠어요?"라고 물으면, 일단 "네"라고
말해주세요.
그리고 함께 방법을 찾아봅시다. 당신이 자신에게
투자하는 만큼, 저도 당신에게 투자할 겁니다.
때로는 물속으로 밀어 넣을지도 모릅니다. 하지만
절대 익사하게 두지는 않겠습니다.
가끔은 불편할 만큼 솔직한 피드백을 드릴
수도 있습니다.
그 피드백이 당신이 성장하는 계기가 되길 바랍니다.
1년 안에 3년치 경험을 압축해서 얻게 될 수 있습니다.
제가 직접 해보지 않은 일은 절대 당신에게 시키지
않겠습니다.
처음엔 아직 익숙하지 않은 자리에 앉게
될지도 모릅니다.
하지만 언젠가는 그 자리가 진짜 당신의 자리가 되도록
기회를 열겠습니다.
우리는 팀원을 나이로 평가하지 않습니다.
결과와 태도로 평가합니다.
주저 말고 지원해주세요.
P.S. 위의 약속 중 하나라도 제가 어긴다면,
바로 알려주세요.

## 뛰어난 인재를 끌어당기는
## 채용 공고 작성 요령 7가지

'너무 뛰어나서 내가 오히려 이 사람 밑에서 일해야 하는 거 아닐까?' 싶을 정도의 인재를 끌어들이기 위한 요령을 소개한다.

◦ 말하듯이 쓴다. 공식적이고 형식적인 문장보다는 친근하고 진솔하게 쓰는 것이 신뢰를 준다. 멋 부린 어조보다 솔직한 어조가 더 효과적이다.

◦ 직책은 명확하고 검색 가능한 용어로 명시한다. 운영 책임자, 총괄 매니저 등 사람들이 실제로 검색할 만한 직책을 명시해야 한다.

◦ 도입부는 최대한 매력적으로 쓴다. 이 역할이 왜 중요한지, 왜 흥미로운지 간결하게 설명하라. 지원자가 기존 직장에서 겪었을 고민을 해결해 줄 수 있다는 점을 보여줘야 한다.

◦ 직무 개요는 구체적이어야 한다. 담당할 역할과 책임을 명확히 제시하라. 요구하는 역량이 많을수록 설명도 구체적이어야 한다.

◦ 회사 소개는 신뢰가 느껴지게 쓴다. 회사가 무슨 일을 하고, 어떻게 수익을 내는지 간단히 설명하라. 창업 배경이나 회사 철학도 포함하면 좋다.

◦ 비전은 명확하게 보여준다. 회사가 나아가고자 하는 방향을 제시하고, 함께 그 여정을 걷고 싶게 만들어야 한다.

◦ 정보는 투명하게 공개한다. 근무지, 급여(급여 범위를 명시

한 공고가 그러지 않는 공고보다 지원율이 훨씬 높다), 복리후생, 지원 방법과 절차 등 지원자가 궁금해할 기본 정보는 반드시 포함하라.

다음 예시는 우리 회사에서 사용한 운영자 채용 공고다.

> **[공고] 저희와 함께 일할 총괄 매니저(GM)를 모십니다.**
>
> 저희와 함께 기존의 틀을 깨는 방식으로 사업 인수를 주도할 총괄 매니저를 찾습니다.
> 저희는 전통 깊은 지주회사는 아니지만 미디어와 자본을 결합해 인수 시장의 새로운 흐름을 만듭니다.
> 이 직무는 인수 심사, 투자 실행, 사후 운영 관리까지 전 과정을 직접 기획하고, 팀을 구성하여 실행하는 핵심 역할입니다.
> 지적 호기심이 강하고, 복잡한 데이터를 기반으로 위험과 기회를 식별하며, 빠르게 움직이는 조직에서 주도적으로 협업할 역량을 갖춘 분을 모시고자 합니다.
> 또한 기존의 투자 방식을 뛰어넘어 새로운 모델을 설계하고 실행해보고자 하는 열정이 있는 분과 함께하고 싶습니다.
>
> **회사 소개**
>
> 저희는 디지털 미디어, 교육, 투자를 결합한 비즈니스 미디어 분야의 고성장 기업으로, 월 조회수 1억 회

이상의 콘텐츠들과, SNS 팔로워 500만 명 이상을 보유하고 있습니다. 여러 사업체로 구성된 지주회사이며, 올해도 여러 개의 신규 채널과 사업을 출시할 예정입니다.
코디 산체스의 리더십 아래, 콘텐츠 중심의 투자 혁신 기업으로 도약하고 있습니다.

**주요 업무**

- 투자 활동 전반(기획부터 회수까지)을 직접 주도하여, 포트폴리오를 성장시키고 우량한 투자 기회를 발굴
- 수익과 성장을 견인할 인수 전략 수립 및 실행
- 독점적인 투자 기회를 발굴 및 거래 파이프라인 구축
- 사업 타당성 분석 및 투자 논리 수립, 투자 조건 구성 및 협상 주도
- 기업의 시장성, 경쟁 환경, 제품, 매출, 성장성, 운영, 재무제표, 경영진 역량, 자본 구조 등을 다각도로 평가하여 종합적 판단
- 포트폴리오 관리 책임자와 협력하여 포트폴리오 기업을 지원하고, 이사회 참석 및 성과 모니터링을 통해 수익과 전략 목표 달성 확인
- 포트폴리오 성과 분석 및 향후 투자 전략 제안
- 실사 진행: 상세 기업 정보 검토, 산업 분석, 평판 조회, 부채 모델링, 가치 평가(유사 기업 비교 및 DCF 방식 포함)

**자격 요건**

- 업계 상위권 벤처 캐피털 기업 또는 대기업 산하 VC 조직에서 10년 이상의 경험 보유
- 소규모 사업체 인수 및 투자 전 과정(투자처 발굴부터 실행, 회수까지)에 대한 실질적인 경험과 성과
- 분석 능력: 문제 정의, 데이터 수집 및 분석, 대안 도출, 실행 결과 예측, 전략 제안 및 실행 역량
- 높은 세부 집중력과 책임감 있는 업무 수행 태도

**팀원 복지 및 혜택**

- 업계에서 경쟁력 있는 연봉
- 자율 휴가 정책 및 유급 휴일
- 업무용 장비 일체 제공
- 타 지역 거주자 대상 이주 지원 (교통편 및 첫 30일간 숙소 제공)

## 성과를 10배 이상 올리는 운영자를 만나는 방법

모든 뛰어난 인재가 채용 공고를 보고 제 발로 찾아오지는 않는다. 직접 물색하고, 적극적으로 발굴해야 한다. 다음은 내가 실제로 '10배 성과를 내는 인재'를 찾기 위해 사용한 방법들이다.

▫ 검증된 인재 스카우트하기 : 예를 들어 세차장을
  인수하려 한다면, 근처 경쟁 업체를 직접 방문해보라.
  유능한 운영자는 이미 어딘가에서 일하고 있을 가능성이
  크다. 남의 팀에서 뛰는 MVP를 그냥 놓치지 말라.

▫ 직업 군인 출신 인재 주목하기 : 군인은 규율,
  책임감, 위기 대응 능력이 뛰어나다. 이들은 운영자로
  성장할 수 있는 훌륭한 자질을 갖췄다. 국방전직교육원,
  제대군인지원센터 등을 통해 접촉해보라.

▫ 헤드헌터 활용하기 : 좋은 헤드헌터는 이미 업계
  최고 인재 네트워크를 갖고 있다. 수수료가 들더라도,
  경험과 실력을 겸비한 인재를 빠르게 확보할 수 있다.
  검색창에 '업종 + 지역명 + 헤드헌터'를 입력해 전문가의
  인맥을 빌려보라.

▫ 수시로 제안하기 : 현장에서 탁월한 업무 능력을
  보여주는 사람을 만나면, 그냥 지나치지 말고 명함을
  건네라. 지금은 아니더라도 언젠가 함께 일하고
  싶은 사람을 미리 확보해 두는 습관이 중요하다.

▫ 추천 주고받기 : 누군가가 "이런 포지션에 맞는 사람
  알아?"라고 물을 때, 성의 있게 연결해주면 그 도움은
  반드시 되돌아온다. 인재 추천은 신뢰의 품앗이다.

▫ SNS 활용하기 : 당신의 SNS는 강력한 채용 광고판이다.
  회사의 비전과 문화, 리더십을 꾸준히 공유하면 그에
  공감하는 유능한 인재들이 자연스럽게 모여든다. 실제로

나도 SNS를 통해 수백 건의 지원서를 받은 바 있다.

당신이 벌 수 있는 돈의 한계는 결국 얼마나 뛰어난 인재를 끌어들이느냐에 달려 있다. 가능성을 스스로 낮추지 말고, 최고의 운영자를 찾기 위해 최대의 노력을 기울여라.

## 많고 많은 후보 중에서
## 최고를 가리는 법

'잘못된 사람을 뽑지 않는 것'도 중요하다. 연애에서 늘 상처받고 이용당하는 친구가 한 명쯤은 있을 것이다. 사업에서도 그런 실수는 치명적이다. 반드시 피해야 한다. 핵심은 다음과 같은 사람을 찾는 것이다.

- ☐ 도덕적 가치관이 뚜렷한 사람
- ☐ 성과를 낸 경험이 있는 사람
- ☐ 지시 없이도 스스로 움직이는 사람
- ☐ 업무 부담을 줄여주는 사람
- ☐ 팀원들이 자발적으로 따르는 사람
- ☐ 당신보다 뛰어난 역량을 지닌 사람
- ☐ 절대 뒤통수치지 않을 사람

나아가, 후보를 평가할 때 다음 3가지 기준이 가장 중요하다.

## 채용 필터

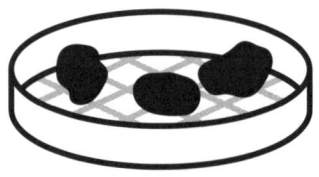

❶ 신뢰할 수 있나?
이미 알고, 믿을 만한 사람

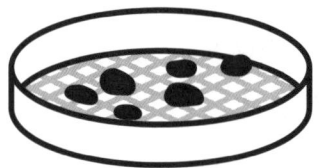

❷ 실무 경험이 있나?
해당 역할을 아주 잘 해낸 경험이 있는 사람

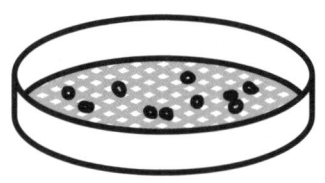

❸ 검증된 성과가 있나?
성과와 리더십 잠재력이 입증된 사람

내가 찾던 황금 인재

▫ 신뢰성: 이미 알고, 신뢰할 수 있으며, 인간적으로 호감 가는 사람을 우선 고려하라. 기존 인맥 안에서 찾는 것이 가장 안전하다. 항상 예측할 수 있고 감당 가능한 위험을 선택하는 편이 좋다.

- 실무 경험: 같은 업종이나 규모의 사업을 운영해본 사람은 시행착오를 줄이고, 문제를 미리 감지할 수 있는 능력이 있다. 새로 배워야 하는 사람보다, 이미 겪어본 사람을 택하라.
- 검증된 성과: 과거는 미래의 거울이다. 리더십은 양보할 수 없는 핵심 역량이며, 팀 리더 경험, 프로젝트 관리, 창업 경험 등을 통해 드러난다. 나는 면접에서 이렇게 묻는다. "채용되면, 함께 데려오고 싶은 전 동료가 있나요?" '없다'고 답하는 사람은 리더의 자질이 의심스럽다고 할 수 있다. 검증된 인재는 몸값이 비싸지만, 바로 실전에 투입할 수 있다. 잠재력 있는 인재는 저렴하지만, 시간과 노력이 많이 든다. 어느 쪽을 선택할지는 당신의 판단에 달려 있다.

## 채용 평가표를 활용하라

확실한 기준이 있는 채용 평가표를 바탕으로 후보자를 평가하는 것이 중요하다. 다음 쪽의 표를 기준 삼으면, 유력 후보를 빠르고 명확하게 추려낼 수 있다.

항목마다 지원자에게 0~5점까지 점수를 매겨, 0~25점 사이로 총점을 산출할 수 있다. 구성은 회사 상황에 따라 조정할 수 있지만, 나는 표에 적은 5가지 항목이 가장 중요하다고 판단했다. 이런 평가표를 활용하면 정량적이고 객관적인 기준으로 지원자들을 비교할 수 있다. 실제로 회사에서 지원자를 추릴 때 활용한 예시가 183쪽에 있으니 참고하길 바란다.

## 기존 인연

우리 회사의 직원과 함께 일했던 경험이 있나?

## 유사 직무 경험

앞으로 맡게 될 역할과 유사한 업무를 수행한 경험이 있나?

## 동일 업계 경험

동종 업계, 또는 유사 업종에서 일한 경험이 있나?

## 유사 문제 해결 경험

우리가 현재 겪는 문제와 비슷한 문제를,
과거에 실제로 경험한 적이 있나?

## 기업 규모 적합성

과거에 우리와 비슷한 규모의 조직에서 일한 적이 있는가?
혹은, 다양한 규모의 조직에서 조직 적응 경험을 쌓았는가?

## 지원자: ◎◎◎ [이상적인 후보 (24/25)]

| 기존 인연 | 우리 직원과 같은 회사를 다닌 경험이 있고 평가도 우수함 (5/5) |
|---|---|
| 유사 직무 경험 | 현재 채용 포지션과 동일하게, 운영 책임자 경험 있음 (5/5) |
| 동일 업계 경험 | 우리와 같은 미디어 업계 출신 (5/5) |
| 유사 문제 해결 경험 | 이전 회사에서 SOP 정비 문제를 해결한 경험 있음 (5/5) |
| 기업 규모 적합성 | 스타트업을 수백 억 규모까지 성장시킨 경험 있음 (4/5) |

## 지원자: △△△ [평균 수준의 후보 (17/25)]

| 기존 인연 | 우리 회사의 임원을 통해 소개받음 (3/5) |
|---|---|
| 유사 직무 경험 | 운영 책임자 경험 있음 (5/5) |
| 동일 업계 경험 | 교육 업계 출신으로, 유사하지만 차이 있음 (3/5) |
| 유사 문제 해결 경험 | 안정된 조직에서 운영 경험은 있으나, 복잡한 문제 해결 사례는 제한적 (3/5) |
| 기업 규모 적합성 | 대기업 경험은 있으나, 성장 주도 경험 없음 (3/5) |

## 지원자: □□□ [부적절한 후보 (1/25)]

| 기존 인연 | 아는 사람 없음 (0/5) |
|---|---|
| 유사 직무 경험 | 관련 직무 경험 전무 (0/5) |
| 동일 업계 경험 | 업계와 직무 모두 무관 (0/5) |
| 유사 문제 해결 경험 | 문제 해결이나 변화 주도 경험 없음 (0/5) |
| 기업 규모 적합성 | 외국계 기업, 소규모 식당 등 우리와 같은 규모 경험 없음 (1/5) |

## 유력 후보를 확실하게 가르는 면접 프로세스

유력한 운영자 후보자를 선별했다면, 다음 단계는 면접이다. 이 단계에서는 후보자의 역량, 태도, 조직 적합성을 본격적으로 평가한다. 모든 후보에게 일관된 기준의 면접 절차를 적용해야 한다. 그렇다면 '일관된 기준'이란 무엇일까?

- 매번 동일한 질문을 던진다.
- 면접 기록을 문서화하고, 팀원들과 공유한다.
- 후보자를 5가지 핵심 항목에 따라 평가한다.

요약하자면, 즉흥적인 면접은 금물이다. 즉흥 면접은 기록도 남기기 어렵고, 지원자에게도 혼란스럽고 불쾌한 경험이 될 수 있다.

### 운영자 면접을 위한 8가지 질문들

❶ 실행 속도: 최근에 맡았던 프로젝트는 무엇이었나요? 어떻게 시작했고, 어떤 결과를 냈나요? 일정은 어떻게 단축했나요?
 → 실행력과 추진력을 평가한다. 기획부터 완료까지 하루 만에 마친 경험이 있는지 주목하라.

❷ 이전 상사들은 당신의 강점과 단점을 어떻게 말할까요?
 → "그 상사에게 실제로 연락해볼 수도 있습니다"라고

말하면, 더 진솔한 답변을 끌어낼 수 있다.

❸ 이전 직장에서의 주요 성과는 무엇이었나요?
그 성과가 조직에 어떤 영향을 미쳤나요?
어떤 어려움을 겪었고, 어떻게 극복했나요?

→ 성과 인식과 문제 해결 방식을 함께 평가할 수 있다.

❹ 지금 당장 준비 없이 5분 발표를 한다면 어떤 주제로
할 수 있나요?

→ 화이트보드를 건네고 발표를 직접 진행하게 하라. 사고력,
  커뮤니케이션, 창의성을 종합적으로 판단할 수 있다.

❺ 최근 수행한 프로젝트를 되돌아봤을 때, 어떤 점이
달라졌어야 한다고 생각하나요?

→ 책임 회피 여부, 자기 인식, 피드백 수용 태도를 확인하라.

❻ 당신을 따라 여기까지 올 만한 동료가 있나요? 있다면
누구를 데려오고, 어떤 역할을 맡기고 싶나요? 팀 운영 철학은
무엇인가요? 문제가 있는 팀원은 어떻게 다루나요?

→ 신뢰 기반 리더십, 팀 빌딩 역량, 리더로서의 자기 인식을
  평가할 수 있다.

❼ 이 면접을 준비하며 어떤 전략이나 도구를 사용하셨나요?

→ 사전 준비 과정을 통해 사고방식과 문제 접근법을
  파악할 수 있다.

❽ 현재 이 회사에서 개선할 만한 점이 있다면 무엇이라고
생각하나요?

→ 회사에 대한 관심과 분석력을 평가할 수 있다.

**좋은 답변의 특징**

√ 역할과 맥락을 구체적으로 설명한다.

√ 실제 성과와 개선 결과를 언급한다.

√ 자신이 미친 영향을 정확히 이해하고 답한다.

√ 회사의 핵심 가치와 잘 부합한다.

√ 가치에 부합하는 과거 직무 사례를 제시한다.

√ 조직 문화에 진정으로 관심을 보인다.

√ 목표가 현실적이고 회사의 방향과 맞는다.

√ 야망과 통찰이 담긴 커리어 계획을 제시한다.

**주의해야 할 답변의 특징**

✗ 설명이 모호하고 구체성이 없다.

✗ 본인의 역할이나 성과를 명확히 말하지 못한다.

✗ 이전 직장의 부정적인 면만 강조한다.

✗ 우리 회사의 가치에 공감하지 않거나 이해하지 못한다.

✗ 외워온 듯한 피상적인 답변을 한다.

✗ 직무나 회사 방향성과 무관한 목표를 말한다.

✗ 막연하거나 비현실적인 커리어 계획을 말한다.

## 당신도 운영자도 모두 만족하는 급여 제안법

최종 합격자를 결정했다면 이제 기본 연봉과 성과급에 대해 이야기해야 한다. 성공과 목표 달성을 향한 의지를 북돋을 수 있는 보상안이 중요하다. 내가 일반적으로 많이 사용하는 급여 예시를 살펴보자.

### ① 기본급 + 성과급

보통 3가지 유형의 성과급을 조합해 설계한다. 이익 기반 성과급, 조직 관리 기반 성과급, 매출 기반 성과급.

| 성과급 개요 | | |
|---|---|---|
| 항목 | 금액 | 성과 목표 및 조건 |
| 기본 연봉 | 2억 5000만 원 | |
| 상반기 성과급 (이익 기반) | 3000만 원 | 상반기 동안 이익률 30% 유지 시 지급 |
| 하반기 성과급 (조직 관리 기반) | 6000만 원 | 12개월 이상 핵심 인력 재직 유지 시 지급 |
| 연말 성과급 (매출 기반) | 3000만 원 | 연말까지 매출 70억 원 달성 시 지급 |
| 총 보상액 | 3억 7000만 원 | |

| 보상 개요 | |
|---|---|
| 보상 항목 | 상세 내용 |
| 연봉 | 2억 5000만 원 |
| 성과급 최대 금액 | 1억 2000만 원 |
| 연봉 인상률 | 연 10% |
| 지분 참여율 | 0% |

### ② 기본급 + 수익 배분

이 방식은 운영자와 장기적 파트너십을 맺을 때 주로 사용한다. 다만, 상호 신뢰가 충분히 형성되기 전까지는 적용하지 않는다. 기본 조건은 기존 매출 기준을 초과한 추가 수익에 대해 일정 비율을 배분하는 것이다.

운영자가 제안을 수락하면, 곧바로 온보딩On-boarding 절차에 들어간다. 온보딩은 단순한 환영 인사로 끝나지 않는다. 운영자가 빠르게 비즈니스에 적응하고 성과를 낼 수 있도록, 구체적이고 체계적인 지원이 필요하다.

| 수익 배분 개요 | |
|---|---|
| 항목 | 금액 |
| 기본 연봉 | 2억 5000만 원 |
| 연말 목표 달성 성과급 | 3000만 원 |
| 추가 매출에 기대하는 수익 전환율 | 30% |
| 추가 매출 10억 원의 기대 수익 | 3억 원 |
| 추가 매출 20억 원의 기대 수익 | 6억 원 |
| 추가 매출 30억 원의 기대 수익 | 9억 원 |
| 추가 매출 10억 원 달성 시 수익 5% 공유 | 5000만 원 |
| 추가 매출 20억 원 달성 시 수익 5% 공유 | 1억 원 |
| 추가 매출 30억 원 달성 시 수익 5% 공유 | 1억 5000만 원 |
| **추가 매출 10억 원 달성 시 총 보상액** | 3억 3000만원 |
| **추가 매출 20억 원 달성 시 총 보상액** | 3억 8000만원 |
| **추가 매출 30억 원 달성 시 총 보상액** | 4억 3000만원 |

| 성과 목표 및 맥락 설명 ||
|---|---|
| 목표 | 설명 |
| 기대 목표 | 연말까지 매출 70억 원 달성 시 성과급 3000만 원 지급 |
| 매출 목표 | 매출이 60억 원을 초과할 경우, 초과분에 대해 5% 수익 배분 적용 |
| 수익 기준 정의 | 사업주 연봉 10만 달러를 차감한 순이익을 기준으로 한 계산 |
| 지급 조건 | 수익 배분은 분기별로 지급되며, 성과급은 목표 달성 시점에 지급 |
| 보상 개요 ||
| 보상 항목 | 세부 내용 |
| 기본 연봉 | 2억 5000만 원 |
| 성과급 | 연말 성과급 1회 + 수익 배분 |
| 연봉 인상률 | 연 10% |
| 지분 참여율 | 0% |

## 운영자와 반드시 가져야 할 4가지 미팅

대부분의 문제는 소통 부족에서 비롯된다. 이를 예방하려면 초기에 다음 4가지 미팅을 반드시 실행해야 한다.

❶ 사업 개요 미팅: 회사의 역사, 현재 상황, 향후 방향을 상세히 공유하라. 운영자가 회사의 큰 그림과 자신의 역할을 명확히 이해하는 데 도움이 된다.

❷ 팀 미팅: 주요 팀원들과 그룹 또는 1:1 미팅을 주선하라. 운영자가 조직 내 관계와 역학을 빠르게 파악할 수 있다.

❸ 주간 미팅: 운영자와 매주 정기적으로 만나 진행 상황, 문제점, 전략을 논의하라. 아이디어, 우려, 피드백을 자유롭게 주고받는 열린 분위기를 만드는 것이 핵심이다.

❹ 월간 성과 검토: 설정된 KPI를 기준으로 운영자의 성과를 정기적으로 검토하라. 이를 통해 집중력을 유지하고, 필요 시 전략을 조정할 수 있다.

## 운영자를 완벽 적응시키는 90일 코칭법

운영자는 당신과 함께 사업을 이끌 핵심 파트너다. 그렇다면 누가 그를 가장 잘 코칭할 수 있을까? 정답은 바로 전임 운영자, 즉 이전 사업주다.

그래서 나는 웬만하면 인수 후에도 전임자가 몇 달간 남아 있는 조건으로만 거래한다. 새로운 운영자는 회사를 가장 잘 아는 사람에게 직접 배우며 성장해야 한다. 다음은 내가 사용하는 90일 코칭 계획의 개요다.

◻ 1~30일(관찰 단계): 운영자는 개점부터 폐점까지 전임자를 그림자처럼 따라다니며 사업 운영 방식을 관찰한다. 이 기간에는 표준운영절차를 만드는 데 집중한다. 전임자가

어떤 일을 어떤 순서로 처리하는지 꼼꼼히 기록한다. 어떤 행동이 세 번 반복되거나 세 단계 이상으로 이뤄지면 반드시 업무 지침서에 포함해야 한다.

- 31~60일(모방 단계): 이제 운영자는 전임자와 함께 실무에 참여한다. 실제 운영 감각을 익히며 경험을 쌓는 동시에 표준운영절차를 문서로 만드는 작업도 병행한다.
- 61~90일(실전 단계): 운영자가 모든 업무를 혼자서 수행한다. 전임자는 간헐적으로 점검하고 조언자 역할에 머무른다. 운영의 안정성을 확인하고 문서 작업을 마무리한다.

90일 온보딩 기간이 끝나면, 신임 운영자는 자신의 역할을 자신 있게 수행할 수 있어야 하며, 운영자 업무 지침서를 문서화해야 한다. 이 문서에는 표준운영절차, 주요 의사결정 방식, 반복 가능한 전략이 포함된다. 이 문서는 '살아 있는 매뉴얼'이다. 지속적으로 업데이트하고 개선하도록 유도하라.

운영자의 경험과 능력에 관계없이, 업무 지침서는 필수다. 그들은 이를 통해 일관된 기준으로 의사 결정을 내릴 수 있다. 퇴사나 사업 매각 시에도 이 문서는 회사 운영의 핵심 자산이 된다. 훌륭한 인재 한 명은 문제의 절반을 해결한다. 두 명이면, 완전히 새로운 회사를 만들 수 있다.

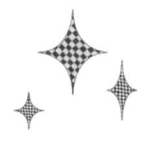

**8장**

# 진짜 내 사업으로 만들기 위한 현실적인 계획

이제 당신 곁에는 훈련된 운영자가 있다. 다음 단계는 회사를 진짜 내 것으로 만드는 일이다. 이것이 창업과 인수의 가장 큰 차이점이다. 이미 돌아가고 있는 수익 구조에 올라탔기에 빠르게 시작할 수는 있지만, 첫날부터 '주 4시간 근무' 같은 환상은 금물이다. 문제는 당연히 생긴다. 그러나 그것은 피해야 할 장애물이 아니라, 성장의 계기다.

한 가지만 명심하라. 자신이 이전 운영자나 사업주보다 똑똑하고 생각하지 말라. 차라리 '나는 아직 아무것도 모른다'고 인정하는 편이 낫다. 질문하고, 관찰하고, 기록하라. 자만하는 초보는 사업을 망친다. 제대로 알아야 제대로 키울 수 있다. 기초도 모른 채 사업을 키우려 하면, 실패 확률은 기하급수적으로 올라간다.

이제부터 내가 100건이 넘는 인수 과정에서 직접 사용한 소유권 전환 운영 매뉴얼을 공유하겠다. 사업을 직접 운영한다면 이 내용을 실전 가이드로 삼고, 운영자에게 위임한 투자자라면 반드시 이 가이드를 그에게 전달하라. 사고가 터진 후 수습하는 것보다 미리 계획을 세우는 편이 훨씬 낫다. 이 매뉴얼만 잘 활용해도 일상적인 문제의 99퍼센트는 예방할 수 있다.

## 인수인계부터 완벽한 장악까지 거쳐야 할 4단계

### 1~60일: 내 사업으로 전환하기

이 시기의 핵심은 관찰, 기록, 파악, 개입이다. 누가 어떤 일을 맡는지, 비밀번호가 무엇이고 열쇠는 어디 있는지, 감춰진 문제는 무엇인지, 그리고 당신이 '실제로' 무엇을 사들였는지 명확히 알아야 한다.

### 60~90일: 안정화 및 시스템 구축

망가진 부분을 복구하고, 업무 전반에 프로세스를 적용하는 시기다. 이 시점에 표준운영절차, 대시보드와 KPI 체계, 역할과 책임이 명확한 인력 구성이 갖춰져야 한다. 즉, 운영의 기준을 정립하는 단계다.

### 90~120일: 가속화 단계

이제 실질적인 변화에 돌입할 때다. 3가지에 집중하라. 현금 유입 속도 높이기, 핵심 인재 식별하기, 작지만 유의미한 개선 실행하기.

### 120일 이후: 장악

이제 사업의 흐름은 물론, 수익 지점과 위험 요소도 파악했을 것이다. 그동안 쌓아온 데이터, 아이디어, 성장 전략을 본격적으로 실행에 옮겨야 한다.

경고 한마디 하자면, 수천 건의 인수 사례를 지켜본 결과, 인수 후 첫 1년은 죽음의 구간이다. 하지만 뒤에서 배울 가이드라인을 따른다면 험한 계곡을 건너 성공의 정점에 도달할 수 있다.

## 첫 인상이 결정하는 것들

시인 마이아 앤절로Maya Angelou 는 말했다. "사람들은 당신이 무슨 말을 했는지는 잊어도, 어떤 감정을 느꼈는지는 기억한다." 하지만 인수의 세계는 다르다. 당신이 한 말은 전부 기억된다.

2023년, 클리어링크라는 회사에 새로운 CEO가 취임했다. 이 회사는 여러 차례 인수합병을 거쳐 또 한 번 새로운 리더의 손에 넘어간 상황이었다. CEO는 첫날 전 직원 1000여 명을 줌 미팅에 소집하고 9분간 연설을 진행했다. "내가 얼마나 열심히 일하는지 압니까? 누구든 나보다 열심히 일할 수 있다면 해보세요. 하지만 못할 겁니다." 그는 직원들이 '정해진 시간에만 일한다'고 비난했고, 출근 정책에 따라 반려견을 포기한 직원의 사례를 언급하며 엉뚱한 공감을 시도했다. 이 연설은 공감 능력 없는 리더의 대표 사례로 회자되었고, 여러 SNS에 빠르게 퍼졌다.

교훈은 명확하다. 첫 미팅에서 실수하면, 되돌릴 수 없다.

첫 미팅은 가능하다면 전임 운영자와 함께 진행하는 것이 바람직하다. 전임자는 이 자리에서 회사를 공식적으로 넘기고, 간결하고 긍정적인 말로 당신을 소개한 뒤 깔끔히 퇴장한다. 이후부터는 신임 운영자와 함께 주도권을 이어가면 된다. 이 자리에서 강조해야 할 4가지 핵심 메시지는 다음과 같다.

- 노력: 열정과 추진력을 가지고 이 자리에 왔으며, 함께 성과를 이루고 싶다는 의지를 보여줘야 한다.
- 겸손: 새로운 사업주로서 지금은 배우는 시기임을 인정하고, 당장은 아무것도 바꾸지 않겠다는 점, 기존의 좋은 문화를 존중하고 이어가겠다는 점을 강조하자.
- 열정: 회사를 인수한 이유와 기대하는 미래, 직원들의 역할을 간결하게 설명해야 한다. 발표 중간에 직원들의 이름과 역할을 자연스럽게 언급하면 효과적이다.
- 감사: 이 자리에 함께해준 것에 감사를 표현하고, 앞으로도 자유롭고 열린 소통을 기대한다는 메시지를 전해야 한다. 당신의 문은 항상 열려 있다고 강조하자.

첫날은 예상과 다를 수 있다. 조경 회사를 운영하던 우리 커뮤니티 회원 중 한 명은 최근에 추가 사업을 인수하고 기대에 부풀어 있었다. 그런데 전 직원에게 인수 사실을 발표하자마자 한 직원이 말했다. "마음에 들지 않습니다. 그만두겠습니다." 그날만 4명이 회사를 떠났고, 이후 2주간 매일 크고 작은 문제가 터졌다. 험난한 출발이었다.

사람들은 누구나 갑작스러운 변화를 불편해한다. 반감을 넘어 분노를 표현하기도 한다. 보통 두세 번 월급이 들어오면 분위기는 점차 안정된다. 남을 사람은 남고, 떠날 사람은 결국 떠난다. 처음의 냉담한 반응에 상처받을 필요는 없다. 중요한 것은, 당신이 회사를 바꾸기 위해서가 아니라, 돕기 위해 왔다는 점을 보여주는 것이다.

직원들의 신뢰를 얻는 좋은 방법은, '걸림돌'과 '도약 아이디어'를 적은 피드백을 서면으로 요청하는 것이다.

- 걸림돌: 지금 하는 일을 더 잘하기 위해 무엇이 필요하다고 느끼는가? 어떤 점이 일을 방해하는가?
- 도약 아이디어: 만약 당신이 이 회사의 주인이라면, 어떤 변화를 시도해보고 싶은가? 무엇이 가장 의욕을 북돋우는가?

사업 규모에 따라 방식은 다르지만, 나는 보통 이렇게 한다. 직원들에게 일주일 내에 서면 피드백을 제출하도록 요청한다. 이 문서는 당신과 운영자, 해당 직원만 볼 수 있으며, 개별 면담을 통해 검토할 예정임을 알린다.

피드백을 검토할 때는 실질적인 개선 제안을 눈여겨보자. 회사의 미래를 긍정적으로 보는 사람과 이미 마음이 떠나 있는 사람도 자연스럽게 드러날 것이다.

## 안정적인 성공을 보장하는
## 초반 다지기 전략

당신이 가장 먼저 해야 할 일은 정보 수집이다. 표준운영절차, 운영자 매뉴얼, 직원 보고서 등 핵심 문서를 확보해야 한다. 이 과정에서 당신은 탐정처럼 파악하고, 행정가처럼 정리해야 한다. 다음 항목을 반드시 점검하라.

- 사업 구조(법인 형태)
- 은행 계좌 상태
- 주요 계정 및 비밀번호 이관 여부
- 데이터 수집 및 정리
- 운영자 및 핵심 인력의 업무를 관찰하는 방식

이후에는 운영자가 적응할 수 있도록 30-60-90 실행 계획을 수립한다. 30일마다 운영자의 진행 상황을 검토하고, 다음 단계로 넘어가면 된다.

계획은 단순할수록 좋으며, 핵심은 다음 3가지다. 점진적인 통합, 구체적인 목표 달성, 과정의 전면 문서화. 물론 경험만을 믿고 감으로 운영할 수도 있다. 하지만 구체적인 전략과 체계적인 접근이 장기적으로 훨씬 효과적이라는 사실은 분명하다. 다음 쪽에 있는 작성 예시를 확인하고 따라해보길 추천한다.

## 30-60-90 실행 계획
### 첫 30일 플랜

### 핵심 목표: 조직문화, 팀, 일상 운영에 익숙해지기

사업에 대해 최대한 많이 배우고 흡수한다.
검토 후에 개선할 수 있도록 배운 것을 모두 기록하고 문서화한다.
30일차와 90일차 종료 시점에 활용할 노션 대시보드 초안을
완성하는 것이 목표다.

### 학습 목표 1: 주요 제품 및 서비스 이해하기

제품·서비스, 관련 인물, 필요한 것들을 정확히 설명하는 것이 목표다.

### 학습 목표 2: 팀 파악하기

팀 회의 및 1:1 미팅 참여 횟수를 꾸준히 기록하는 것이 목표다.

### 업무 목표 1: 효율적인 프로세스 만들기

업무 처리에 필요한 지시를 최소한으로 줄인다. 모든 과정을
문서화하고, 직원들과 함께 실행해보며, 일관성 있는 결과를 얻을 수
있는지 확인하는 것이 목표다.

### 업무 목표 2: 업무 개선을 위한 주도적 태도 보이기

향후 1년간 실행 가능한 개선 아이디어나 신규 제안 목록을 작성한 뒤,
효과와 난이도 기준으로 분류하는 것이 목표다.

### 업무 목표 3: 주요 고객 또는 거래처에 인사하기

핵심 고객 또는 거래처 2곳 이상과 첫 미팅 또는 통화를 진행하는 것이
목표다.

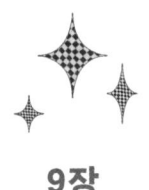

**9장**

# 아무리 작은 사업일지라도 시스템은 필요하다

**팀의 나침반:**
**모두가 바라볼 북극성을 설정하라**

배를 만들고 싶다면 사람들에게
목재를 구해오라고 하거나 일을 나눠주거나 하지 마라.
대신 그들에게 광활한 바다를 향한 동경을 가르쳐라.

_생텍쥐페리

내가 방향을 잃고 흔들리던 시절, 존경하는 사업가의 아주 단순하면서도 깊이 있는 조언이 지금까지도 기억난다.

문제가 많다고 해도, 결국은 하나로 연결돼 있습니다.
북쪽이 어딘지도 모른 채 배를 움직일 수는 없습니다.
회사도 마찬가지입니다. 당신이 어디로 가고 싶은지 모르면,
팀도 갈 길을 모릅니다. 북극성을 정하세요.
CEO의 역할은 팀원들에게 끊임없이 '이 방향으로 노를
저어야 한다'고 알려주는 것입니다.

이 말을 듣고 나는 아마존의 북극성인 '고객 만족'을 떠올렸다. 제프 베이조스는 이렇게 말했다. "우리의 가장 큰 성공 요인은 경쟁사가 아닌 고객에게 집중한 것입니다. 나는 직원들에게 늘 고객을 두려워하라고 말합니다. 고객은 충성하지 않습니다. 더 나은 서비스를 제공하는 누군가가 나타나면 망설임 없이 떠날 수 있는 존재입니다."

나는 곰곰이 생각한 끝에 우리 회사의 북극성은 '이메일 구독자 수'라는 결론에 이르렀다. 구독자가 늘어난다면 다른 모든 지표도 따라올 것이라 믿었다. 그래서 나는 구독자 수가 실시간으로 표시되는 디지털 전광판을 만들었다. 신규 구독자가 생길 때마다 숫자가 올라가는 구조였다. '100997… 100998… 100999… 101000….' 이 전광판을 모든 임원에게 보내고, 회의를 시작할 때, 구독자 수부터 공유했다. 협업툴에도 매일 자동으로 보고되도록 설정했다. 그 결과는 명확했다. 모두가 같은 방향으로 노를 저으니 추진력이 생겼고, 구독자 수는 눈에 띄게 증가했다.

당신의 북극성은 무엇인가? 내가 선호하는 또다른 북극성은

주간 성장률이다. 주간 성장률을 3퍼센트로 유지하면, 1년 뒤 약 351퍼센트 성장이라는 놀라운 결과를 만들 수 있다. 이 숫자에 집착하라. 팀도 그 방향으로 움직이게 된다.

하지만 북극성은 단순히 숫자를 정하는 것만을 의미하지 않는다. 사업을 키우고 싶다면 꿈을 팔아야 한다. 리더는 결국 꿈을 파는 사람이다. 크고, 아름답고, 실현 가능해 보이는 꿈을 제시해야 한다. 그래야 다른 사람들이 그 안에서 자신의 자리를 상상할 수 있다. 비전이 사명을 만들고, 사명이 집착을 만든다. 그리고 집착하는 사람들이 결국 이긴다.

## 명확한 목표는
## 원활한 소통의 핵심이다

빠르게 움직이고 싶다면 자주 소통하라. 핵심은 '긴박감'이다. 일정을 압축하라. 만약 프로젝트의 기한이 '다음 분기'라면 60일, '다음 달'이면 2주, '다음 주'면 하루 안에 끝내도록 밀어붙여라. 아이디어부터 실행까지의 간격이 짧을수록 팀 전체의 속도와 에너지가 달라진다.

"우리의 목표는 성장입니다"와 "연간 수익을 세 배로 늘립시다"는 완전히 다른 말이다. 명확한 목표를 자주 상기시킬수록 팀은 방향성을 잃지 않고 전진할 수 있다.

매주 월요일 아침, 팀원들을 소집해 10분간 회의를 진행한다. '나침반'이라 불리는 주간 미팅이다. 구성은 다음과 같다.

**0~2분: 미션 선언문**

우리 회사의 미션은 "자유로운 사고, 풍요로운 삶"이다. 매주 이 사명을 실현한 고객 사례를 공유한다. 우리 팀이 누군가의 삶에 긍정적 영향을 주고 있다는 사실을 상기하는 시간으로 만든다.

**3~6분: 하이라이트와 인사이트**

다음은 지난 한 주를 요약하고 정리하는 시간을 가진다. 한 주 동안 이룬 주요 성과와 이루지 못한 일을 브리핑한다. 매출은 어땠는지, 고객 유입은 어느 정도였는지도 이 시간 동안 빠르게 정리하고 넘어간다. 만약 문제가 있었다면, 어떻게 해결했는지, 거기서 얻은 인사이트는 무엇인지 알리면 좋다. 지난 주에 이어 진행해야 할 프로젝트를 점검하는 것도 놓치지 말아야 한다.

그리고 이러한 것들을 확인하는 동시에, 4가지 질문을 통해 회사의 방향성을 틈틈이 확인한다.

- 우리는 올바른 방향으로 가고 있는가?
- 현재 가장 집중해야 할 일은 무엇인가?
- 어떤 부분이 비효율적인가?
- 우리는 좋은 결정을 내리고 있는가?

**7~8분: 앞으로의 계획**

트위치 창업자 저스틴 칸Justin Khan은 "우리는 꽃밭을 질주하는 증기 롤러다. 멈추는 법을 모른다"라고 말했다. 어떤 강점으로 경쟁자들을 밀고 나갈지 명확히 해야 한다. SNS, 콘텐츠, 무료 제품, 고객 서비스 등 우리만의 강점은 무엇인가? 지속적으로 강점 실행력을 높이는 데 집중하는 시간을 가져보자.

**9분: 구성원의 성장 지원**

사람들은 단지 급여를 위해서가 아니라 더 나은 삶을 기대하며 일한다. 이 시간에는 책이나 자료에서 얻은 통찰을 공유한다. 때로는 삶을 바꿀 만한 책을 팀에 선물하기도 한다.

**10분: 긍정적 여운으로 마무리**

회의의 끝은 가벼우면서도 따뜻해야 한다. 짧은 일화나 유쾌한 농담, 명언 한 줄로 마무리하라. 팀원들이 들어올 때보다 나은 기분으로 회의장을 나서게 하는 것이다.

## 한 주를 마무리하는 금요일의 재정 점검

의견은 됐고, 포트폴리오나 보여주세요.
_나심 탈레브

나의 친한 친구이자 성공한 사업가인 맷 에이치슨은 어느 날, 억만장자 데이비드 오스본 David Osborn 과 산책을 하게 되었다.

많은 기업가가 꿈꾸는 삶을 실현한 인물이기에, 그는 데이비드에게 인생 조언이나 가벼운 대화를 기대했다. 하지만 예상은 완전히 빗나갔다. 데이비드는 처음부터 매우 구체적인 질문을 던졌다.

- 순 자산은 얼마인가?
- 매달 얼마를 벌고 있는가?
- 월 고정지출은 얼마인가?
- 자산 포트폴리오는 어떻게 구성되어 있는가?
- 각 수익원의 성장 속도는 어떤가?

너무도 직접적인 질문에 맷은 당황했고, 뚜렷한 대답을 내놓지 못했다. 그때 데이비드 오스본이 잊을 수 없는 한마디를 건넸다.

"돈을 이해하지 못하면 더 많은 돈을 끌어들일 수 없습니다. 재무는 기반입니다. 그걸 모르면 모래 위에 집을 짓는 것이나 다름없습니다."

그날 이후, 맷은 다시는 그렇게 허를 찔리지 않겠다고 다짐하며 '금요일의 재정 점검'이라는 루틴을 만들었다. 매주 금요일, 모든 사업의 재무 상태를 점검하고 개인 자산과 투자 현황도 함께 검토하는 시스템이다.

나도 수년 전부터 같은 방식을 따르고 있다. 매주 금요일마다 모든 사업의 현금흐름을 확인하는 것이 목표다. 회계 담당자가 매주 정리한 보고서를 보내주면 가장 좋지만, 간단히 스프레드시트를 검토하는 것만으로도 충분하다. 중요한 것은 돈이 떨어지지 않도록 상황을 항상 파악하는 것이다.

> 행복은 안정적인 현금흐름에서 비롯된다.
> _칼 아이칸

소규모 사업이 무너지는 가장 큰 이유는 자금 부족이다. 돈은 냉정한 상대다. 관심을 두지 않으면 금세 다른 사람에게로 떠난다. 재정적 자유는 재정에 대한 이해에서 시작된다. 그러니 반드시 사업 자금의 흐름을 꾸준히 추적하라.

돈이 마르지 않게 관리하는 것, 그것이 이 게임의 조건이다. 그리고 이 게임의 목적은 단순한 수익이 아니다. 그 돈으로 세상에 긍정적인 변화를 가져오는 것이 진짜 목적이다. 사회 환원, 새로운 투자, 더 많은 고용. 모든 것은 탄탄한 자금 위에 세워진다.

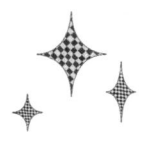

**10장**

# 생산성에 불을 붙이는 3가지 연료

### 현금 유출에서 현금 창출로

내부 안정화와 시스템 구축까지 마친 다음에 실행할 핵심 사항은 3가지다. 현금 확보 속도를 높이고, 작더라도 실질적인 개선 아이디어를 실천하고, 조직 내 핵심 인력을 식별하는 것이다.

첫날부터 현금이 유입되는 사업을 인수하는 것이 이상적이지만, 그러지 못했다면, 인수 후 90일 이내에 현금흐름을 반전시켜야 한다.

**현금 창출형 사업의 특징**

- 선결제, 후제공 구조
- 월 단위 반복 수익
- 고객 분산

**현금 유출형 사업의 특징**

- 선제공, 후결제 구조
- 연간 단발성 수익
- 소수 고객에 의존 (이탈 시 타격)

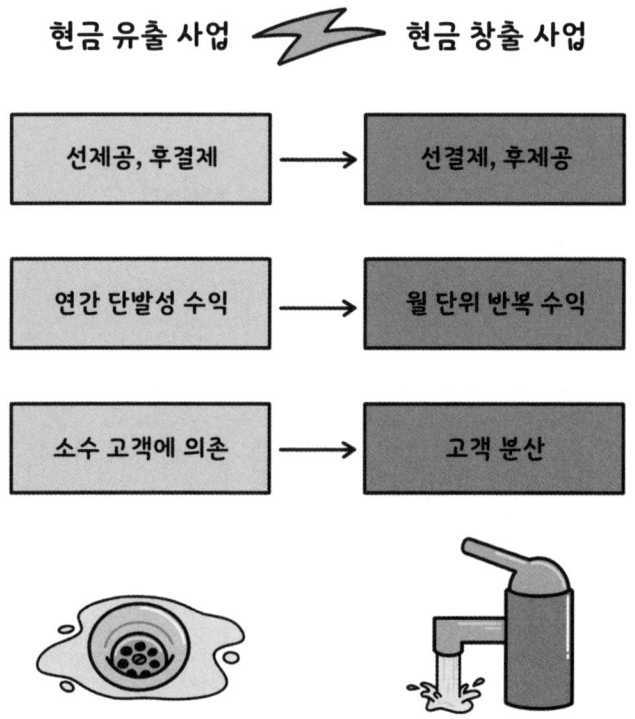

## 현금흐름 부메랑 프로세스

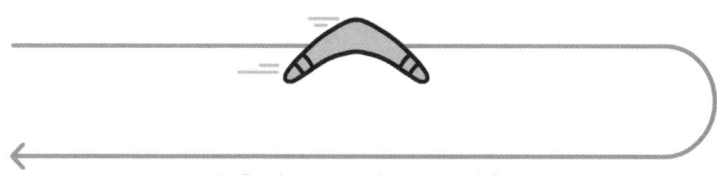

대금을 받기까지 걸리는 시간을…

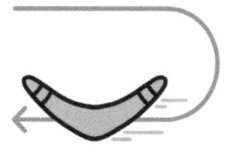

…줄일 방법을 찾아라

제품이나 서비스를 제공하자마자 대금을 받는 구조를 현금흐름 부메랑 프로세스라고 한다. 핵심은 현금 회수 주기를 최대한 줄이는 것이다.

모니터 회사 델Dell은 원래 제품 출고 후 평균 63일이 지나서야 대금을 회수했지만, 지금은 주문 시점에 선결제가 기본이다.

다음은 현금흐름을 개선하는 몇 가지 아이디어다.

- 선결제 비율을 높인다. (예: 총 금액의 50퍼센트를 선입금 받기)
- 결제 조건을 앞당긴다. '서비스 후 30일 내 결제'를 '주문 시 결제'로 바꾼다.
- 현금 결제 시 할인을 제공해 선불을 유도하고 카드 수수료를 절감한다.

- 서비스 예약 고객에게 '작업 완료 후 자동 결제 동의서'를 받아둔다.
- 각 사업 계정에 적당한 신용 한도를 설정해 예기치 못한 지출에 대비한다.
- 공급업체와 협상해서 지불 시기를 늦추고, 유리한 조건으로 재계약한다.

## 비용을 '잘' 줄이는 현실적인 개선안

제국은 외부의 공격보다 내부의 낭비로 무너진다. 우리 팀은 지난해 가을, 모든 사업체를 분석해 20퍼센트 비용 절감이라는 목표를 세웠다. 여러 사업체에서 비용을 줄였고, 많게는 6분의 1까지 절감하는 데 성공했다. 여기 그 핵심 전략을 정리했다.

◦ 구체적인 목표를 설정한다. 팀장들과 '현재 목표를 유지하면서 20퍼센트 절감이 가능한가?'를 논의하며 시작했다. 실제 절감률은 약 16퍼센트였으며, 월 8억 원 이상 지출하던 사업체의 비용을 약 1억 3000만 원 정도를 줄였다. 이는 연간 16억 원 절감 효과이며, 순이익 증가이자 48억 원의 사업 가치 상승(순이익의 3배로 기업 가치 산정 시)에 해당한다.

◦ 구체적으로 지시한다. 부문별 예산안이나 손익계산서를 기준으로 '얼마를 줄여야 하는지' 수치로 제시했다. 1차 삭감안은 담당 관리자들이 직접 마련하도록 한다. 현장을 가장 잘 아는 사람들이기 때문이다.

○ 정기 결제를 정리한다. 구독·멤버십 서비스, 디지털 도구는 가장 먼저 살펴봐야 할 영역이다. 사용 인원 조정, 기능이 중복되는 툴 제거, 공급 업체와 요금 재협상을 하는 등의 방식으로 정기 결제에 드는 비용을 줄였다. 다른 제안 없이 요청만으로 30퍼센트 이상 요금을 인하해준 업체가 있었고, 이로 절감한 비용만 적게는 700만 원에서 많게는 2000만 원에 달했다.

○ '좀비 사업'을 폐기한다. 성과 없는 부문은 과감히 정리하라. 우리도 지금까지 13개 이상의 비효율 사업(맞춤형 에이전시, 뉴스레터, 수익성 낮은 제품군 등)을 정리했다. 선택과 집중은 최고의 전략이다.

○ 외부 인력을 조정한다. 우리는 광고 업무를 외주에서 내부로 이관해 월 600만 원을 아꼈고, 성과가 미미한 컨설턴트와 계약직은 정리했다. 이후 생긴 여유 예산의 일부는 기존 인력에 인센티브로 지급해 업무를 이관했다.

○ 내부 인력을 정비한다. 가끔은 부진한 직원을 정리해야 할 때가 있다. 판단하기 어려울 때는 관리자와 상의하라.

○ 업무를 효율화한다. 우리는 매출과 무관한 반복 업무는 과감히 자동화했다. 1년에 1억 원 정도 들던 수동 검토 업무를 연 3000만 원 가격으로 외주 전환해 큰 비용을 절감했다.

○ 비용 절감을 '게임화'한다. 우리는 AI나 업무 자동화로 수작업을 줄인 직원에게 성과급을 지급했다. 실제로 아이디어를 적용해 연간 1억 원 이상의 절감 효과를 거뒀다.

○ 절감한 비용을 재투자한다. 비용 절감으로 현금흐름이 개

## 업무 효율화 프로세스

| 제거 | 자동화 |
|---|---|
| 매출로 이어지지 않는 일은 없앤다 | 반복 작업은 자동화한다 |
| **위임** | **외주** |
| 인건비가 더 낮은 인력에게 위임한다 | 더 잘할 수 있는 외부에 맡긴다 |

선되면, 더 많은 자원이 필요한 신규 사업에 그 자금을 적극적으로 투입할 수 있다.

### 신중하게 뽑고, 과감하게 정리하라

실력자들은 압박을 즐긴다. 운영자 채용에 사용했던 프로세스는 다른 인재를 채용할 때도 그대로 적용할 수 있다. 여기에 한

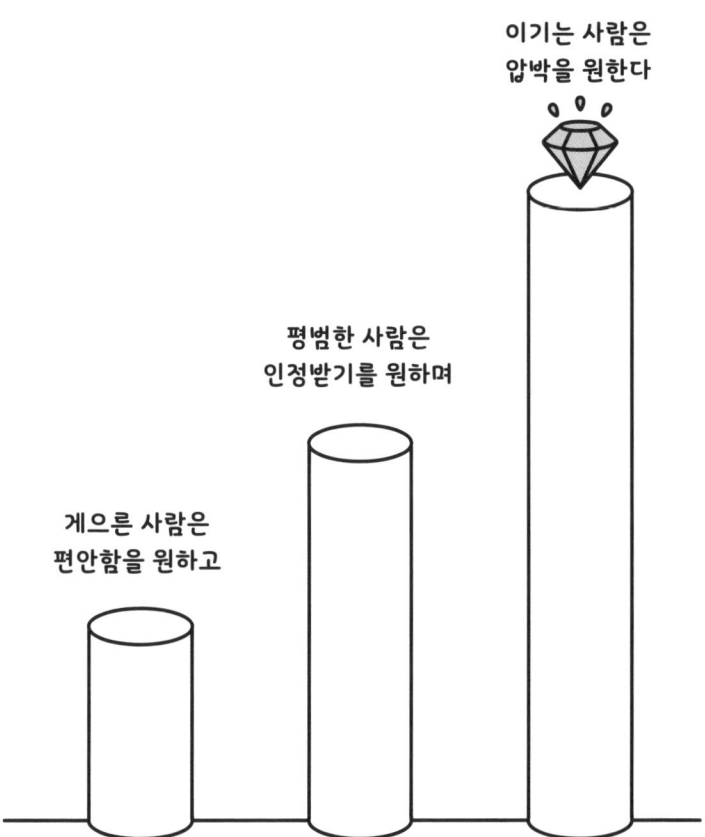

가지를 더하자면, 본격 채용에 앞서 작은 테스트 과제를 부여하는 것이다. 1차 면접 직후, 채용을 결정하기 전 직무 역량을 확인하고자 간단한 과제를 요청하는 이메일을 보낸다.

지원자가 동의하면, 실제 업무에 가까운 테스트 과제를 전달한다. 목적은 명확하다. 함께 일하기 전에 실제 문제 해결 역량을 미리 살피는 것이다. 다음은 실제로 내가 면접 후 지원자에게 보낸 테스트 과제 예시다.

◎◎◎ 님께,

만나서 반가웠습니다! 말씀드린 대로, 최종 후보자분들께 몇 가지 과제를 드리고 있습니다. 관심 있으시다면, 아래 항목들을 수행해 회신해주세요.

**과제 1: 블로그 글 편집하기**

샘플 블로그 글을 첨부합니다. 문법 오류를 고치고, 링크를 수정한 뒤 전반적인 포맷을 정리해주세요.

[링크]

**과제 2: 고객 이메일 응대하기**

다음은 고객 지원 메일함에 도착한 메시지입니다. "안녕하세요. 해당 사이트에 가입했는데, 가격 대비 가치가 없다고 느껴집니다. 환불받고 싶은데 가능한가요?"

이 경우 어떻게 답변하시겠습니까? 그렇게 대응한 이유도 함께 설명해주세요.

과제를 평가할 때는 다음 3가지 기준을 사용한다.

- 얼마나 빠르게 완료했는가
- 답변의 완성도는 어떠한가
- 진심으로 합류하고 싶다는 의지가 보이는가

기존 직원을 평가할 때도, 같은 방식을 적용할 수 있다. 현재 담당 업무에 대한 표준운영절차를 만들고 그 절차대로 하도록 요청해보라. 업무 성과를 예측하는 가장 좋은 방법은 실제 성과를 확인하는 것이다.

## 단호하면서도 공정한 태도가 필요한 순간들

> 수준 이하의 성과를 묵인하면,
> 그 수준이 곧 새로운 기준이 된다.
> _조코 윌링크

사업을 인수하면 누군가는 당신의 발목을 잡기 마련이다. 교묘하든 노골적이든, 악의가 있든 없든, 그런 존재는 조직을 좀먹는 암과 같다. 그 암을 도려내야 사업이 살아남는다.

낮은 기준을 방치하면 그 기준은 순식간에 조직 전반으로 퍼진다. 반대로, 높은 기준은 성장의 토대가 된다. 문제가 있는 직원을 외면하면 전체가 무너진다. 해고는 어렵다. 그러나 필요하다면 공정하고 단호하게, 그리고 무엇보다 최종적으로 통보해야 한다.

> 당신: 안녕하세요, ○○ 씨. 시간 내줘서 고마워요.
> 안타까운 소식이 있어 바로 말씀드리겠습니다.
> 신중히 검토한 끝에, ○○ 씨와 고용 계약을

> 종료하기로 했습니다. 자세한 사항은 해고통지서에 적어두었습니다.
>
> 직원: 제가 왜 해고되는 건가요? 몇 년이나 이 회사에서 일했는데요.
>
> 당신: 이번 결정은 사업 구조 조정의 일환입니다. 말씀드릴 수 있는 건, 앞으로 ○○ 씨가 새 직장을 찾는 데 최대한 도움을 드릴 수 있다는 점입니다. 추천서, 소개서, 관련 자료 등 필요하신 게 있다면 언제든 알려주세요.
>
> 직원: 그럼 이제 어떻게 되는 거죠?
>
> 당신: 급여일에 마지막 급여를 받게 되며, 여기에는 퇴직금, 미사용 연차 수당 등이 포함됩니다. 오늘 퇴근 전까지 회사 자산을 모두 반납해 주세요. 앞으로의 앞날을 진심으로 응원합니다. 도움이 필요하시면 언제든 연락주세요.

누군가를 내보내는 일은 결코 쉽지 않다. 하지만 사업을 운영한다면 언젠가는 반드시 겪게 되는 일이다. 그래서 나는 이렇게 생각하려 한다. 어쩌면 우리 회사, 혹은 내가 이 사람의 성장을 가로막고 있었던 건 아닐까? 실제로 나는 몇몇 직원이 회사를 떠난 뒤, 더 멋진 길로 나아가는 걸 직접 목격했다. 해고는 누군가에게 진정한 자신의 길을 찾는 전환점이 될 수도 있다.

애플에서 해고당한 뒤 스티브 잡스는 이렇게 말했다.

"때때로 해고는 인생에서 일어날 수 있는 최고의 일이다. 마치 별이 새로운 궤도로 날아오르듯, 더 큰 운명을 향해 나아가는 계기가 될 수 있다."

끌어줄 수 있으면 끌어주고, 아니라면 떠날 준비를 도와야 한다. 당신의 최우선 책임은 팀과 사업을 지키는 일이다.

◐ ● ◑

축하한다. 이제 당신은 아주 유리한 위치에 있다. '내 업체'를 사진 사업주가 되었고, 훈련된 운영자를 두었으며, 사업의 주도권을 쥐었다. 이제 사업을 본격적으로 장악하고 활용할 때다. 자동으로 수익을 증대하는 마케팅 시스템을 구축하고, 정신적 소모 없이 일선에서 벗어나 기업 가치를 높이고, 최종적으로 성공적인 엑시트를 준비할 차례다.

# STEP 4

장악하라

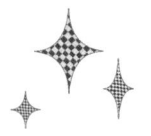

**11장**

# 미래를 결정하는 첫 1년 수익 10배로 불리기

이제 그동안 구상해온 성장 전략을 실행에 옮길 차례다. 가장 효과적인 학습법은 모범 사례를 통해 배우는 것이다. 지금부터 내가 사업 인수 후 어떤 방법으로 수익을 끌어올리는지, 고압 세척 사업을 예로 들어 설명하겠다.

왜 하필 고압 세척이냐고? 실은 내가 은밀한 쾌감을 느끼는 분야다. 고압 물줄기로 묵은 때와 오염을 말끔히 씻어내는 영상을 본 적 있는가? 보기만 해도 속이 시원해진다. 실제로 중독성이 강해서 팬 커뮤니티까지 존재한다.

단순하고 평범해 보이는 사업이지만, 올바른 전략만 적용하면 수익을 10배로 늘릴 잠재력이 있다. 현실적으로 가능하냐고?

경험이 없다면 과장처럼 들릴 수 있다. 하지만 우리 팀은 실제로 여러 산업 분야에서 주변의 기대보다 훨씬 높은 성장을 반복적으로 이뤄냈다.

그리고 이 성공은 복잡하지 않다. 몇 가지 마케팅 전략만 바꾸면, 고압 세척처럼 단순한 사업도 수십억 원 규모의 기업으로 탈바꿈할 수 있다.

자, 이제 당신이 이 사업의 새 주인이라고 가정해보자. 1인 운영자로서 첫 해에 기록한 실적은 다음과 같다.

- 총 문의 건수: 500건
- 전환율: 35퍼센트
- 유료 결제 건수: 175건
- 평균 작업 단가: 60만 원
- 연 매출: 1억 원
- 연 지출: 700만 원 (이 정도로 저렴하게 시작할 수 있다.)
- 연 순이익: 9000만 원

자, 고소득 가구 10만 세대 규모 도시에서 어떻게 이 고압 세척 사업을 10배 성장시킬 것인가?

**가격전략**

소규모 업체 상당수가 가격 인상 시기를 놓친 채 3~5년 이상 제자리에 머물러 있다. 가격을 20퍼센트 인상해보자. 전환율은

35퍼센트에서 33퍼센트로 소폭 낮아지지만, 평균 단가는 60만 원에서 72만 원으로 상승한다. 또한 3단계 가격 구조(저가, 중가, 고가)를 도입하고, 선불 할인, 구독제, 기관 및 일반 가정 요금제도 마련한다.

### 업셀링

새로운 고객을 찾기보다, 기존 고객에게 더 많은 서비스를 제공하는 것이 효율적이다. 고압 세척도 메뉴판처럼 구성할 수 있다. 집앞 도로 정도만 청소할 경우 40~60만 원 수준이지만, 집 전체, 지붕, 창문, 데크 복원, 외벽 도장까지 포함하면 한 건당 200만 원까지 가능하다. 기업 고객의 평균 단가는 400만 원에 이른다. 업셀링 전략 도입 후 평균 단가는 70만 원에서 100만 원으로 상승한다.

### 반복 수익

일회성 거래에서 벗어나 반복 매출 구조를 만들어야 한다. 연 2회 정기 세척이 포함된 구독형 상품을 구성하고, 작업 규모에 따라 패키지를 구분하며, 이웃 간 공동 예약으로 작업 효율을 높인다. 그 결과 연간 작업 건수는 175건에서 263건으로 증가한다.

지금까지의 성과는 다음과 같다.

◘ 총 문의 건수: 500건
◘ 전환율: 33퍼센트

- 유료 결제 건수: 263건
- 평균 작업 단가: 100만 원
- 연 매출: 2억 6000만 원
- 연 지출: 2000만 원
- 연 순이익: 2억 4000만 원

작업 건수는 50퍼센트 늘었지만, 수익은 177퍼센트 증가했다. 그러나 진짜 성장은 이제부터다.

**아웃소싱**

이제 직접 일할 필요 없다. 연봉 5000만 원으로 기술자 1명을 채용해 연간 263건을 맡기면, 당신은 노동 없이 2억 원의 순이익을 올릴 수 있다. 여기서 멈추지 말자. 기술자 2명을 추가로 고용해 총 3명 체제로 확장하고, 온수 기능을 갖춘 고성능 트럭 3대를 도입한다(대당 5000만 원). 이들은 연간 700건의 작업을 수행할 수 있다.

업데이트된 성과는 다음과 같다.

- 총 문의 건수: 2100건
- 전환율: 33퍼센트
- 유료 결제 건수: 700건
- 평균 작업 단가: 100만 원
- 연 매출: 7억 원

- 연 지출: 3억 3000만 원
- 연 순이익: 3억 7000만 원

수익은 초기 대비 4배 이상 증가한 것을 확인할 수 있다.

### 응답 속도

혼자 일할 때는 문의에 응답하는 데 하루 이상 걸려, 연간 200건 이상의 고객을 놓쳤다. 자동 응답 시스템을 도입해 60초 내 응답할 수 있게 되자, 전환율은 33퍼센트에서 50퍼센트로 급등한다. 유료 고객도 200명 추가된다. 연간 작업 건수는 1000건, 총 매출은 10억 원, 순이익은 6억 7000만 원이다.

### 별점 후기

온라인 평판이 곧 매출이다. 소비자 행동 데이터는 냉정하다.

- 고객의 93퍼센트가 후기를 읽는다.
- 별점이 3.5점 미만이면 90퍼센트가 이용을 포기한다.
- 고객의 58퍼센트는 별점이 높으면 더 비싸고 오래 기다리더라도 선택한다.
- 불만족 고객은 만족 고객보다 10배 더 자주 리뷰를 남긴다.
- 부정적 후기 1개를 상쇄하려면 긍정적 후기 10~20개가 필요하다.

따라서 서비스 직후 자동으로 별점 5점 후기를 요청하는 시스템을 도입한다. 몇 달 만에 검색 순위가 상승하고, 작업 건수는 1000건에서 1100건으로 증가한다.

**브랜도 인지도**

고압 세척 영상은 유튜브에서 수억 회 조회수를 기록한다. 대부분 단순한 타임랩스 영상이다. 기술자들에게 매주 1건씩 작업을 촬영하게 하고, 해외 편집자에게 월 200만 원을 지급해, 1주일에 4건의 영상 편집을 맡긴다(영상은 아주 심플하기에 편집 비용이 저렴하다). 1년 후 유튜브 채널에 업로드되는 영상 수는 200편, 누적 조회수는 500만 회, 구독자 수는 2만 명에 달한다. 구글 검색 순위가 크게 올라서 연간 작업 수가 40건 더 늘어난다. 게다가 유튜브 광고 수익으로 700만 원, 브랜드 협찬 수익으로 2000만 원을 얻는다.

이제 최종 성적표를 보자.

- 총 문의 건수: 2300건
- 전환율: 50퍼센트
- 유료 결제 건수: 1140건
- 평균 작업 단가: 100만 원
- 연 매출: 11억 원
- 연 지출: 3억 원(이 중 2400만 원은 영상 편집 비용)
- 연 순이익: 8억 원

수익은 처음보다 8배 이상 증가했고, 이 정도 규모의 사업체는 보통 20억~40억 원에 매각된다. 만약 연 수익을 40억 원까지 끌어올린다면, 사모펀드가 6~10배에 인수할 가능성도 충분하다. 짜릿하지 않은가?

물론 이 모든 과정이 쉽지는 않다. 결과가 보장된 것도 아니다. 하지만 충분히 실현 가능한 전략이다. 이게 바로 '지루한 사업'이 지닌 진짜 잠재력이다.

### 1단계: 가격을 5~30퍼센트 인상하라

가격을 언제 올려야 할까? 지금. 어떤 항목을 올려야 할까? 전부. 요즘 물가 상승률은 4~9퍼센트지만, 체감은 그보다 훨씬 크다. 가격을 그대로 두면 매년 손해를 보는 셈이다.

나는 인수 전 반드시 가격 구조를 분석한다.

- 현재 가격은 적절한가?
- 마지막 인상 시점은 언제인가?
- 경쟁사는 어떤 가격 정책은 어떠한가?

이런 분석 후에는 5~30퍼센트, 경우에 따라 그 이상으로 올려도 된다는 확신이 생긴다. 사업주들은 종종 '내가 못 살 가격이면 고객도 안 산다'고 생각한다. 하지만 생각보다 많은 고객은 '더 나은 경험'에 기꺼이 투자한다. 그러니 당신의 상품군에 프리미엄 옵션을 추가하라. 예를 들어 빨래방이라면 '세탁 대행 서비스'를, 세차장이라면 '무제한 세차 이용권'을, 회계법인이라면 '연간 맞춤형 관리 플랜'을 프리미엄 가격에 제공하는 것이다. 부유한 고객의 문제를 해결하라. 그들은 돈을 더 잘 낸다.

## 2단계: 가격 체계를 정리하라

고객에게 선택지를 너무 많이 주면, 오히려 혼란을 일으켜서 고객의 구매 의욕을 꺾는다. 이상적인 구성은 3가지다. 저가형, 알짜형, 고가형. 이른바 '샌드위치 전략'이다. 고객이 '알짜형(중간)'을 고르게끔 유도하라. 그게 당신의 핵심 수익 모델이 되어야 한다.

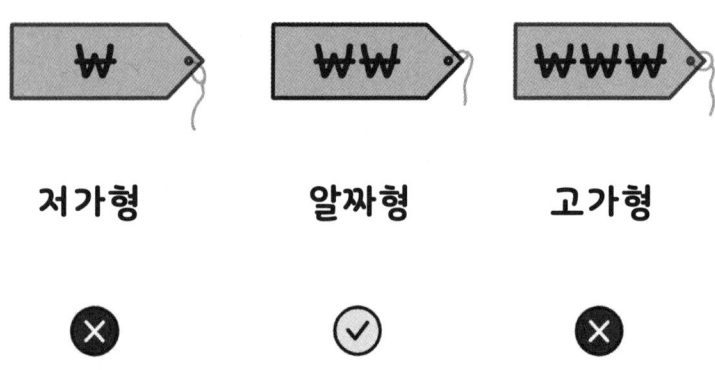

샌드위치 방식
알짜형을 유도하라

저가형 　 알짜형 　 고가형

## 3단계: 정기 구독 서비스를 도입하라

사람들은 돈 내는 걸 좋아하지 않는다. 그러니 미리, 자주, 많이 받아야 한다. 이걸 가능하게 해주는 게 바로 '반복 수익'이다. 지속적인 서비스에 대한 정기 결제로 얻는 수익이다. 반복 수익은 예측 가능하고 안정적이며, 사업의 가치를 높인다. 예를 들면 다음과 같다.

- 세차장 정기 이용 멤버십
- 조경 서비스 월 정기 결제
- 해충 방제 업체 연간 정기 서비스

가격을 올렸다면 이제 구독 모델을 도입하라. 이건 따로 쫓아다니지 않아도 알아서 들어오는 돈이다. 나중에 회사를 매각할 때 구독 모델의 가치는 훨씬 더 커져 있을 것이다. 절대 후회하지 않을 전략이다.

**반복 수익의 6가지 유형**

❶ 장기 계약
❷ 자동 갱신 구독
❸ 선투자형 구독
❹ 일반 구독
❺ 선투자형 소모품
❻ 일반 소모품

## 4단계: 웹사이트를 업데이트하라

　웹사이트에 큰돈을 들일 필요는 없지만, 몇 가지 핵심 요소는 갖춰야 한다. '구매하기' 버튼은 크고 눈에 잘 띄게, 고객 행동 유도는 간결하고 명확하게, 이메일 주소 수집은 쉽고 직관적으로 설계해야 한다. 또한 최신 후기로 신뢰도를 높이고, 서비스 설명은 기능보다 고객 혜택을 중심으로 작성한다. 무엇보다 고객의 문제를 해결해줄 수 있다는 자신감과 전문성을 분명히 드러내야 한다.

## 5단계: 고객 문의에 즉시 응답하라

　세일즈에서 가장 강력한 무기는 '속도'다. 더 많은 고객을 원한다면, 더 빨리 움직여라. 잠재 고객에게 가장 먼저 연락한 업체가 대개 그 고객을 차지한다. 연구에 따르면 고객 문의가 왔을 때, 5분 안에 응답하면 30분 이후 응답했을 때보다 구매 전환율이 20배 높다. 그런데 소규모 사업체들의 평균 응답 시간은? 무려 47시간이다!

　광고비를 들여 고객을 유치하고도 5분 안에 응답하지 않는다면 돈 벌 기회를 날리는 셈이다. 시간이 부족하다면 유료 서비스를 활용하라. 실제 상담원이 문자, 모바일 메신저, SNS 등 모든 채널에서 문의에 60초 이내로 응답해준다. 상담원은 고객을 분류하고, 대화를 이끌고, 전환까지 유도한다. 모든 기록은 CRM(고객 관계 관리 시스템)에 자동 저장되거나 이메일로 전송된다.

## 6단계: 추천 시스템을 구축하라

대부분의 소규모 사업체는 추천 시스템이 전혀 없다. 하지만 신규 고객을 찾는 것보다 기존 고객에게 더 많이 판매하는 것이 훨씬 효율적이다. 기존 고객은 이미 신뢰를 형성했으며, 유치 비용도 들지 않고, 구매 이력과 연락처까지 확보했기 때문이다.

이를 활용하면 업셀링, 크로스셀링, 제휴 판매, 월간 구독의 연간 전환 등 다양한 전략을 실행할 수 있다. 실제로 내 경험상 가장 빠르고 확실한 성장은 기존 고객 기반을 잘 활용하는 데서 나온다. 먼저 만족도가 높은 고객 10~20명에게 직접 연락해 이렇게 권하라.

"저희는 소규모 업체라 고객님의 추천이 큰 도움이 됩니다. 혹시 저희 서비스가 필요한 지인이 계신가요? 소개해주시면 그분께는 '친구 할인'을 적용해드리겠습니다."

다른 고객에게는 간단히 "저희가 더 도와드릴 일이 있을까요?"라고 물어보는 것도 좋다. 많은 고객이 크리스마스 조명 설치, 홈통 청소, 조경 서비스 같은 추가 서비스를 모르거나 기억하지 못한다. 직접 알리고 새로운 수요를 이끌어내야 한다.

추천 시스템은 고객에만 국한되지 않는다. 직원 추천 제도도 효과적이다. 좋은 인재를 찾기 어렵다면, 기존 직원에게 추천 보상금을 지급하라. 예를 들어 추천으로 입사한 직원이 6개월 이상 근속할 경우 추천인에게 500만 원 상당의 성과급을 제공하는 방식이다. 직원들이 알아서 우수한 인재를 데려오도록 하라.

## 7단계: 리뷰를 요청하라

소규모 사업체는 브랜드 인지도가 낮다. 고객이 수년간 이용해온 조경 업체나 배관 업체 이름을 기억하지 못하는 이유다. 한마디로, 당신의 사업이 '지붕 청소계의 나이키'가 될 가능성은 거의 없다. 그렇기에 입소문은 필수다. 모든 고객을 신규 고객을 불러올 기회라고 생각하고 대우해야 한다.

이때 유용한 도구가 리뷰 자동화 시스템이다. 이 도구를 활용하면 서비스가 끝난 뒤 고객에게 자동으로 리뷰 요청이 전송되고, 구글, 페이스북 등 다양한 플랫폼에 리뷰를 남기도록 유도할 수 있다. 응답이 없을 경우, 정중한 리마인드 메일이 두 차례 추가로 발송된다.

효과는 확실하다. 우리 커뮤니티 회원은 청소 업체에 이 시스템을 도입한 뒤 1년도 안 돼 리뷰 수가 300개 이상 늘었다. 그 결과 '창문 청소' 검색 시 지역 최상위 노출을 달성했고, 현재 보유한 리뷰 수는 2, 3위 업체를 합친 것보다 3배 이상 많다.

만약 단 하나의 성장 전략에 집중할 수 있다면, 리뷰 최적화에 올인하라. 리뷰는 디지털 시대의 강력한 입소문이다.

## 8단계: CEO가 아니라 영업왕이 되어라

사업 첫해, 당신은 CEO가 아니다. 무조건 '영업 담당자'가 되어야 한다. 매주 최소 6~10시간은 발로 뛰며 영업에 투자해야 한다. 지인에게 제품이나 서비스를 테스트하게 하고, 그들의 솔직한 피드백을 수집하라. 고객에게 보내는 영업 이메일도 직접 작성해서 어떤 표현이나 제안이 반응이 좋은지 실험해보자. 또한 고객 서비스에 적극적으로 참여하라. 작고 사소한 실수도 대응 방식에 따라 신뢰를 얻는 기회, 나아가 재구매로 이어지는 수익 기회가 될 수 있다. 당신의 통장 잔고는 영업에 쏟은 시간만큼 차오른다.

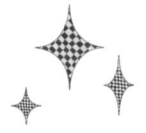

**12장**

# 단순하고 간단하게 설계하면 보이는 것들

### 진짜 중요한 지표만 추적하라

언젠가 일론 머스크가 말했다. "내 머릿속은 늘 폭풍처럼 휘몰아치고 있습니다. 사람들은 나처럼 되고 싶다고 하는데, 실상을 몰라서 그래요."

나는 일론처럼 천재는 아니지만, 이 말에는 깊이 공감한다. 그는 현재 테슬라, 스페이스X, 트위터 등 세계 최고 규모의 기업을 동시에 운영한다. 당연히 언제나 어디선가 문제가 터지고 있을 것이다. 그의 통장 잔고는 부러워할 만하지만, 그가 짊어진 정신적 부담까지 감당하고 싶은 사람은 드물 것이다. 그렇게 거대한 조직들을 운영하면서도 그가 정신적으로 무너지지 않고 버틸 수 있는 이유는, 바로 핵심에만 집중하기 때문이다.

데이터에 파묻히지 말라. 사업에는 구매로 이어지는 고객 여정, 즉 '거래 진입로'가 있다. 예를 들어, 소프트웨어 판매 플랫폼의 거래 진입로는 다음과 같다.

먼저 파트너사와 수익 분배 계약을 맺고, 세일즈팀이 매력적인 이메일 카피를 작성한다. 이 이메일이 수십만 명의 고객에게 발송되면, 고객들이 이메일을 받아 열어보고, 관심을 보인 고객들이 제품 페이지를 방문하여 구매 결정을 내리고, 최종적으로 구매가 완료되어 매출이 발생한다.

이 과정에서 단 5가지 지표만 추적하면 된다.

- 계약 성사 건수
- 작성한 이메일 수
- 발송한 이메일 수
- 유입된 매출
- 수집된 이메일 주소 수

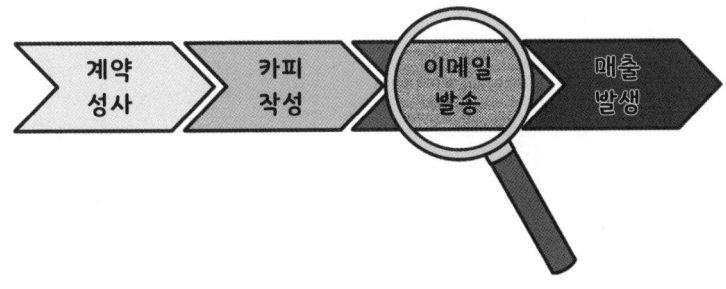

**거래 진입로**
추적해야 할 핵심 지표 3~5개를 찾아라

당신만의 거래 진입로를 설계해야 한다. 스스로 이렇게 물어 보라. '내 사업의 전반적인 흐름을 가장 잘 보여주는 수치는 무엇일까?'

대부분의 사업은 3가지 축으로 요약된다.

- 자금: 매출, 비용, 순이익, 현금흐름, 보유 현금, EBITDA
- 고객: 순 신규 고객 수, 이탈률, LTV(고객 생애 가치), 평균 주문 금액
- 마케팅: 팔로워 수, 구독자 수, 수집된 이메일 수, 전화 상담 수, 사이트 방문 수

이러한 지표들을 스코어카드에 정리하고 꾸준히 추적하라. 그러면 사업이 성장 중인지 쇠퇴 중인지 선명하게 보일 것이다.

경영의 대가 피터 드러커는 "측정하는 것만이 관리된다"라고 말했다. 스코어카드는 단순히 숫자를 나열한 표가 아니다. 인풋과 아웃풋, 두 축을 모두 포함해야 한다. 아웃풋 기반 스코어카드는 다음과 같은 '성과'를 측정한다.

- 신규 사용자 수
- 웹사이트 트래픽
- 매출
- 주간 성장률

이러한 지표는 직접 통제할 수는 없지만, 성과를 보여주는 후행 지표로써 반드시 확인해야 한다. 인풋 기반 스코어카드는 다음과 같은 '활동'을 측정한다.

- 전화 상담 건수
- 콘텐츠 게시 건수
- 직원 총 근무 시간
- 가동 중인 설비 수

이러한 지표는 통제할 수 있으며, 인풋을 꾸준히 쌓아야 아웃풋도 따라온다. 무엇을 측정할지 알면, 어디에 시간을 써야 할지도 분명해진다. 소프트웨어 판매 플랫폼의 일주일(혹은 팀의 일주일)은 다음과 같이 나눌 수 있다.

| 월요일 | 화요일 | 수요일 | 목요일 | 금요일 |
|---|---|---|---|---|
| 계약 성사 집중 | 광고 문구 작성 | 이메일 발송 | 고객 지원 | 잠재 고객 발굴 |

측정하는 것은 관리할 수 있다. 관리되는 것은 일정에 반영되고, 일정에 반영된 것은 실행된다.

다시 한번 말하지만, 데이터에 파묻히면 안된다. 숫자는 한눈에 들어와야 하며, 그 외의 정보는 잡음일 뿐이다. 수익과 비용을 바로 파악할 수 있는 간결한 스코어카드만 보면 된다. 직원들에게도 같은 기준을 적용하라. 간결하고 명확한 보고와 스코어카

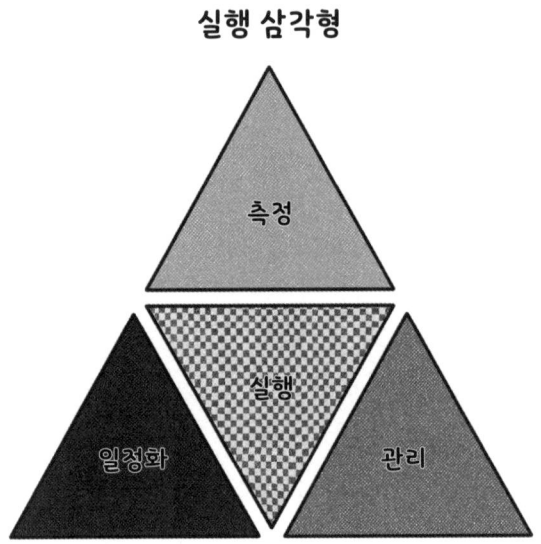

드는 칭찬하고, 불필요하게 복잡한 자료는 단호하게 거절하라.

다음은 좋은 스코어카드의 예시다. 간결하고, 주간 추세를 보여주며, 출처도 명확하다.

> **위클리 업데이트**
>
> 임직원 여러분, 2월 22일에 새로운 추천 프로그램을 도입했습니다. 이번 주의 추천 관련 지표를 공유합니다. 매주 흐름을 꾸준히 추적할 예정입니다.
>
> ✅ 구독자 수는 전주 대비 28.81퍼센트 증가했습니다.
> ✅ 추천 건수는 전주 대비 15.38퍼센트 감소했습니다.
> ✅ 추천 1건만 해도 보상을 제공하는 새로운 보상 시스템

> 덕분에 추천 가입자 수가 크게 늘었습니다.
> ∨ 지난 30일 기준으로 보면, 추천 건수는 이전 달 대비 35.5퍼센트 증가했습니다.

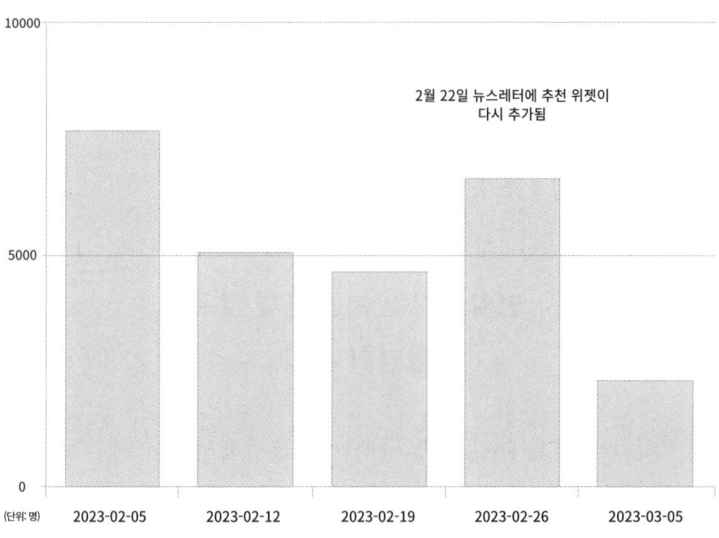

| | | 주간 추천 데이터 | | (단위: 명) |
|---|---|---|---|---|
| 날짜 (주간 기준) | 신규 구독자 | | 신규 추천 | 추천 유입 |
| 2월 27일 | 6001 | | 26 | 239 |
| 3월 7일 | 7730 | | 22 | 276 |

데이터를 확인했으면, 이에 대한 간결한 보고서를 작성하는 것이 좋다. 좋은 보고서는 어떻게 쓸까? 최대한 간결하게. 아래의 3가지를 명확하게 전달하는 몇 문단이면 충분하다.

- 문제: 무엇이 문제인가? 얼마나 심각한가? 얼마나 시급한가?
- 해결책: 어떤 방법이 있는가? 비용은? 시간은?
- 요청사항: 어떤 도움이 필요한가? 비용과 시간은? 관련 팀은?

이렇게 문제 - 해결 - 요청으로 이루어진 보고서는 수십 년치 경영 스트레스를 줄여준다.

## 명확하지만 복잡하지 않은 경영의 시작

워런 버핏은 36만 명에 달하는 버크셔해서웨이 직원들을 관리하면서도 하루에 신문 6개를 읽는다. 비결은 톰 머피Tom Murphy(캐피털시티, ABC, 디즈니 전 수장)의 분산형 경영 철학에 있다. 핵심은 간단하다. 최고의 인재를 채용해 자율성을 부여하고, 비용만 관리하라. 당연한 말처럼 들리겠지만, 실제로 실천하는 사람은 드물다.

머피는 이렇게 말했다. "우리는 핵심 인재를 신중하게 채용하고, 의사결정을 현장에 위임하며, 원칙만 정할 뿐 세부에는 개입하지 않습니다. 쉽게 말해, 집을 지키는 개가 있는데 대신 짖지 말라는 뜻이죠." (물론 이는 비유일 뿐, 직원을 개라고 비하한 건 아니다.)

사업은 내 자산이라는 생각에 모든 걸 직접 통제하고 싶은 욕구가 생기기 마련이다. 그래서 첫 인수 후 과도하게 개입하는 사업주도 많다. 하지만 나는 늘 자문한다. '정말 내가 이 일의 최고 전문가인가? 나보다 나은 사람은 없을까? 이 모든 걸 내가 직접 해야 하나?' 답은 항상 '아니'다. 우리는 제국을 만들고 있다. 회사가 3개, 5개, 10개, 20개로 늘어나면, 모든 일에 관여하는 것은 불가능하다.

회사를 잘 운영하려면 적임자를 세우고, 간결한 보고 체계를 유지해야 한다. 보고가 많을수록 문제도 많아진다. 워런 버핏은 본사에 단 25명만 두고, 이들이 나머지 36만 명을 관리하게 한다. 지혜로운 방식은 따를 가치가 있다.

내 경우를 보자. 나는 현재 벤처 캐피털 펀드, 미디어 교육 브랜드를 운영 중이다. 그리고 이 두 회사를 아우르는 투자 회사도 운영 중이다. 투자 회사는 연 매출이 1000억 원이 넘으며, 수백 명의 직원과 계약직을 둔 여러 자회사를 관리한다.

하지만 내게 직접 보고하는 사람은 단 5명뿐이다. 최고운영책임자, 포트폴리오 총괄, 콘텐츠 총괄, 제품 총괄, 재무 총괄. 이들과는 한 달에 딱 두 번 만나며, 조직과의 커뮤니케이션은 그들의 몫이다.

회사의 구조는 다음과 같다.

- 포트폴리오 총괄: 연봉 1억~3억 원 + 성과급. 전체 사업을 감독하고 성장 전략을 주도
- 각 사업체 CEO: 지분 5~10퍼센트 보유, 연봉 1억 5000만~4억 원 + 성과급. 운영 책임자 역할
- CIO·재무 총괄: 연봉 4억 원 이상. 재무 현황 관리 및 보고
- 투자 분석가: 연봉 1억~2억 원. 신규 투자처 발굴과 포트폴리오 관리 지원

의도적으로 부재하라. 최고의 CEO는 직원들에게 자율과 책임을 부여한다. 모든 문제를 직접 해결하려는 리더는 지치고, 결국 불행해진다. 리더로서 자주 써야 할 말은 다음과 같다.

"그 문제에 대한 해결책을 기대하겠습니다. 진행 상황은 계속 공유해주세요."

부를 키우는 가장 빠른 길은 '사람'이다. 사람을 잘 뽑으면 부자가 되고, 잘못 뽑으면 불행해진다. 워런 버핏은 25년간 단 25명의 핵심 인력과 함께 버크셔해서웨이를 운영해왔고, 이직률은 2퍼센트에 불과했다.

그렇다면 유능한 인재를 어떻게 붙잡을 수 있을까? 이전에 다녔던 자산운용사 퍼스트러스트의 임직원과 잘 맞지는 않았지만, CEO만큼은 인정할 수밖에 없다. 그는 조직 문화를 만드는 데 탁월했다. 작은 시골 마을에서 수백 명이 일하는 엄청난 규모의 회사를 일구었고, 직원들의 평균 근속연수는 수십 년에 달했다. 그는 단순한 CEO가 아니라 지역 공동체의 리더였다. 그가 주

**유능한 CEO는 팀이　　　평범한 CEO는 모든 문제를
스스로 일하게 한다　　　직접 해결하려 든다**

최한 연말 파티가 아직도 기억에 남는다. 실적 발표 대신 가족 중심의 사진 슬라이드쇼가 상영됐다. 모녀, 형제, 부부가 함께 일하는 모습이었다. 그리고 그는 이렇게 말했다. "우린 사기업이니까, 우리가 하고 싶은 대로 합니다!"

이처럼 사람 중심의 문화를 만드는 것이야말로 건강한 조직의 핵심이다. 불필요하게 경직된 분위기를 벗어나, 공동의 목표와 가치를 중심에 두는 실질적인 조직 문화를 만들어야 한다. 대기업이 시장을 장악하려는 세상에서, 소기업은 우리의 희망을 일깨워준다. 조사에 따르면, 소기업 직원의 95퍼센트가 "근무 환경에 만족한다"고 답했고, 80퍼센트는 "상사에게 인정받고 존중받는다"고 했다. 작게 시작하는 것이 오히려 더 크게 성공하는 길이 될 수 있다.

## 히어로가 아니라 해결책이 필요하다

아무리 노력해도 결과가 없고, 이유가 자신에게 있는 것처럼 느껴진 적 있는가? 내 뉴스레터 사업이 그랬다. 다양한 SNS 채널에 꾸준히 홍보했지만 성장 속도는 달팽이보다 느렸다. 더 괴로웠던 건 이 사업에 내 얼굴이 걸려 있고, 구독자 수 같은 지표가 모두 공개된다는 점이었다. 마치 매일 열여섯 살 생일파티를 여는데 아무도 오지 않는 기분. 결코 달갑지 않은 일이다.

그러던 어느 날 친구가 SNS에 이런 글을 올렸다. "이번 주에 뉴스레터를 구독해 주신 2만 명의 신규 독자 여러분, 환영합니다!" 헐, 일주일에 2만 명? 믿을 수 없어서 곧장 전화를 걸었다. 어떻게 그런 숫자가 가능했는지 묻자, 친구는 이렇게 말했다. "망해 가던 뉴스레터를 매도자 금융으로 샀어."

오, 이런.

정작 나조차도 내 사업에 '추가 인수' 전략을 적용하는 걸 잊고 있었다. 그날 이후, 나는 뉴스레터 사업에 세 개의 회사를 통합 인수했고, 하나는 매각했다.

그 결과, 10만 명 이상의 신규 구독자와 수십억 원의 수익을 얻었다. 기존 시스템은 그대로 두고, 새 고객과 제품만 얹었을 뿐인데 말이다. 마법 같았다.

신규 고객을 빠르게 확보하고 싶다면, 사업 인수만큼 확실한 방법은 없다. 나 역시 성장이 정체될 때마다 이 전략을 꺼내든다. 물론 쉽지는 않다. 회사를 하나 인수하는 것보다 두 회사를 통합

하는 게 훨씬 더 복잡하고 어렵다.

댄 설리번은 『누구와 함께 일할 것인가』에서 이렇게 말했다. "문제가 생기면 '어떻게'가 아니라 '누가' 해결해 줄 수 있을지를 먼저 떠올려라." 나는 여기에 한 가지를 더 덧붙이고 싶다. "이 문제를 해결하려면 '무엇'을 사야 할까?" 다시 말해, 직접 해결하려 애쓰지 말고, 해결책 자체를 사라.

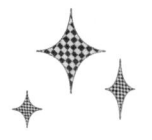

**13장**

# 힘들이지 않고
# 자동 수익을 만드는 성장 공식

### 눈앞의 화려한 기회에 현혹되지 말라

성공한 CEO들을 만날 때마다 비결을 묻곤 합니다. 평범한 CEO들은 뛰어난 전략이나 타고난 사업 감각 등 여러 이유를 대며 자화자찬합니다. 반면, 훌륭한 CEO들은 늘 일관된 답변을 내놓습니다. "포기하지 않았다."

_벤 호로비츠

새로운 것에 쉽게 마음을 빼앗기는가? 지루한 사업에 갇혀 평생 따분한 삶을 살까 봐 걱정되는가? 나도 그랬다. 솔직히, 누가 평생 빨래방이나 셀프 세차장, 임대업 같은 사업에 메여 살고 싶겠는가?

인간은 본능적으로 새로움에 끌린다. 새로움은 우리에게 활력을 주기 때문이다. 나 역시 한 가지 일에 몰입하는 걸 좋아한다. 그러나 그 일에 능숙해질 즈음이면 또 다른 도전이 눈에 들어온다. 샘 젤은 "모든 걸 총괄하되, 아무것도 직접 운영하지 않는 삶"을 꿈꿨다. 이 말에 공감한다면, 당신의 미래는 다음과 같을지도 모른다.

처음에는 하나의 사업으로 시작한다. 그러나 약 6개월 정도가 지나면, 또다시 새로운 일을 벌이고 싶은 충동이 찾아온다. 그렇게 두 번째, 세 번째, 네 번째 사업이 눈에 들어오기 시작한다.

리처드 브랜슨, 마크 큐번, 일론 머스크, 제프 베이조스, 스티브 잡스. 이들은 모두 끝없는 호기심과 확장 욕구를 따랐고, 그 과정에서 누구보다도 강한 집중력을 유지했다. 핵심은 이것이다. 처음엔 소수에 집중하고, 부를 이룬 후에 다수로 확장하라. 이것이 돈을 벌고 지키는 진짜 전략이다.

새로운 기회를 피하자는 게 아니다. 방해 요소를 피하라. '선택적 기회주의자'가 되어야 한다. 특히 새로운 사업을 시작한 첫 1년은 앞만 보고 달려야 한다.

◐ ● ◑

두 마리 토끼를 쫓는 자는 한 마리도 잡지 못한다.

_에라스무스

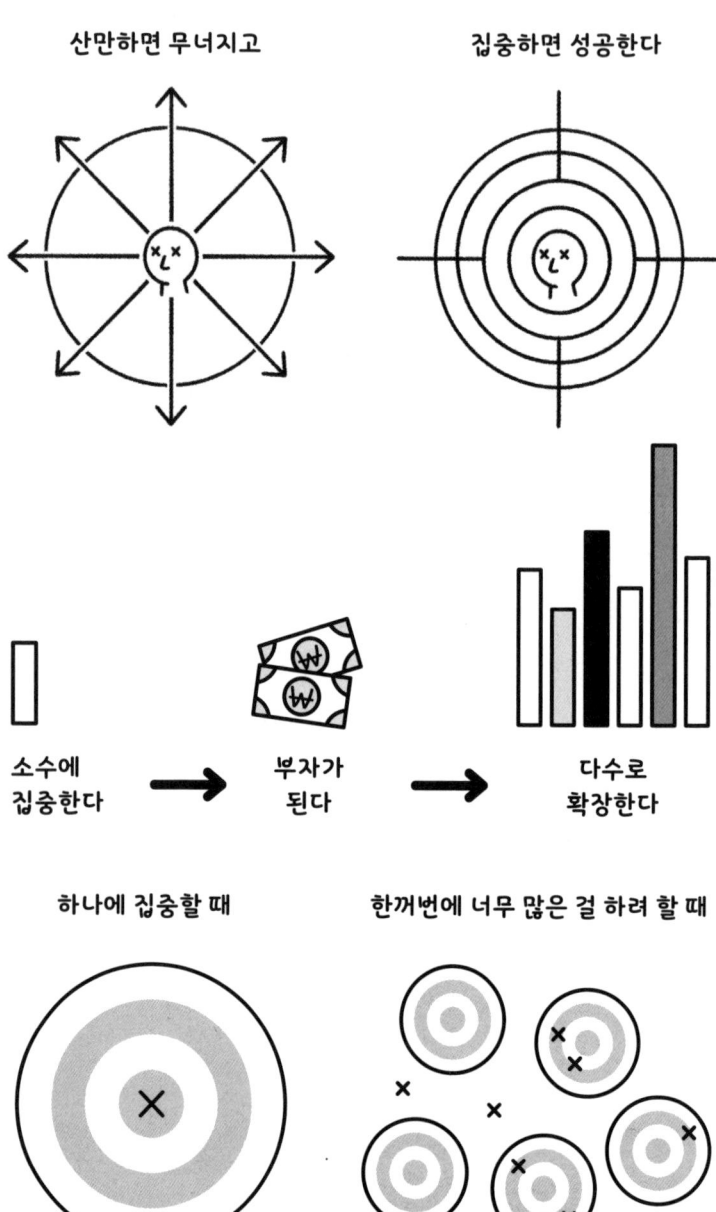

어느 날 비행기에서 여행사 애버크롬비앤켄트 창립자이자 세계적 기업가 제프리 켄트Geoffrey Kent와 나란히 앉게 됐다. 술을 몇 잔 나눈 뒤, 나는 물었다. "어떻게 억만장자가 되셨나요?" 그는 이렇게 답했다.

"핵심은 우리 모두가 갖고 있지만 제대로 활용하지 않는 것, 바로 '시간'입니다."

그는 한 회사를 61년간 운영해왔다. 어쩌면 답은 너무 단순한 공식일지 모른다. 시간 + 집중 + 일관성.

모든 성공한 기업가도 중간에 포기하고 싶은 순간을 겪는다. 하지만 위대한 사람은 끝까지 간다. 과녁에서 시선을 떼지 말라. 아무리 매혹적으로 보여도, 방해 요소는 초기에 사업을 무너뜨릴 수 있다. 흔들리지 말고 집중하라.

## 추가 인수로 수익 극대화하기

> 사업에 인생을 바칠 거라면,
> 결국 크게 성공할 가능성이 있는 사업을 선택하라.
> _스티븐 슈워츠먼

카를로스 슬림Carlos Slim, 베르나르 아르노Bernard Arnault, 찰스 코크Charles Koch. 이들의 공통점이 뭘까? 모두 세계적인 부호들이며, '추가 인수'를 통해 막대한 부를 쌓았다는 점이다.

지금부터 인수를 통해 사업을 확장하는 방법을 살펴보려 한다. 하지만 주의하라. 나는 지금껏 수많은 인수 시도들이 난파선처럼 좌초되는 것을 목격해왔다. 한 번에 너무 많은 걸 시도하면 위험해진다. 한 번에 하나씩 집중하라.

이 경고를 마음에 새기고, 추가 인수를 실행하는 7단계 방법을 살펴보자.

## 하나의 사업에서 만들어내는 7단계 수익 흐름

백만장자는 평균 7~12개의 수입원을 가진다고 한다. 다만 그 수익원들은 별개가 아니라, 서로 유기적으로 연결되어 있다. 가진 것을 활용해, 새로운 가치를 덧붙여 나가는 방식이다. 모범 사례를 통해 배워보자. 지금부터 연 수익 9000만 원의 빨래방을 연 수익

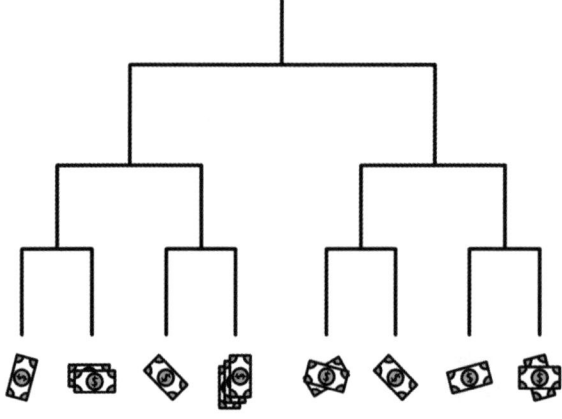

10억 원 이상을 올리는 수익 구조로 탈바꿈시키는 가상의 시나리오를 만들겠다. 핵심은 '창의적 금융 방식'을 이용하는 것이다.

**1단계: 거점 사업체 인수**

수익원을 7개 만들겠다고 해서 7개의 새로운 사업을 동시에 시작하는 건 패망의 지름길이다. 가장 먼저 할 일은 '거점 사업체'를 인수하는 것이다. 추가 인수를 통해 덧붙일 수 있는 기반 사업이다. 빨래방의 출발점은 다음과 같다.

- 연 수익: 9000만 원
- 인수가: 1억 4000만 원(초기 비용 없이, 수익금으로 연 최대 2000만 원 상환)
- 수익원 수: 1명

**2단계: 첫 번째 추가 인수**

빨래방을 약 90일간 안정적으로 운영했다면, 이제 두 번째 수익원을 추가할 타이밍이다. 가장 쉬운 방법은 자판기 설치다. 간식, 세제, 장난감 등 선택지는 다양하다. 그렇다면 자판기의 수익성은 얼마나 될까? 내 친구가 실제로 운영하는 자판기 사업의 수익 구조는 다음과 같다.

- 자판기 27대
- 수익률 65퍼센트

- 주당 20시간 노동
- 월 매출 2000만 원
- 초기 비용 80만 원
- 자판기 포함 총비용 2800만 원

자판기 사업의 원리는 단순하다. 장소를 물색하고, 건물주와 협상한 뒤, 70~400만 원 정도의 비용으로 자판기를 구입하고, 30만 원 상당의 상품을 채워 넣고, 관리용 어플에 등록하면, 2개월 안에 손익분기점을 넘는다.

할 만하지 않은가? 현금흐름이 안정되면, 인근 매장이나 쇼핑몰로 자판기를 확장하고, 빨래방 직원이 운영을 맡아 효율을 높일 수 있다.

왜 이 전략이 효과적인가? 자판기 한 대당 140만 원으로, 20대를 설치하면 총 2800만 원이다. 한 대당 월 매출 70만 원, 수익률 40퍼센트 기준으로 5개월 만에 본전을 회수하고, 이후 매달 500만 원 이상의 순이익이 발생한다.

업데이트된 수익 구조는 다음과 같다.

- 빨래방 이익: 연 9000만 원
- 자판기 이익: 연 6000만 원
- 총 수익: 1억 5000만 원
- 수익원 수: 2명

**3단계: 수직적 인수**

빨래방 운영이 안정 궤도에 오르면, 자연스럽게 경쟁 업체가 눈에 들어온다. 당신은 그중 20년간 빨래방을 운영해온 베테랑이자, 이제 조용한 시골살이를 꿈꾸는 은퇴 예정자 사장 A를 찾아간다.

"혹시 시골집 자금 마련을 위해, 빨래방을 파실 생각은 없으세요?" 사장 A는 고민하며 대답한다. "글쎄요, 생각은 해볼 수 있죠."

이제 여기서 매도자 금융을 활용할 수 있다. 즉, 향후 발생할 수익으로 이 사장님의 사업을 인수하는 방식이다. 매달 A에게 금액을 보내고 3년 안에 대금을 완납하기로 한다. 거래는 윈윈이다. 그는 일을 접고도 안정적인 현금흐름을 확보하고, 시골집도 마련한다. 당신은 새로운 수익원을 손에 넣는다.

A의 빨래방은 규모가 크고 입지도 좋다. 특히 연 매출 14억 원, 순이익 4억 원의 세탁 대행 서비스를 운영 중이다. 이로 인해 당신의 연간 순이익은 5억 5천만 원으로 늘어난다. 기존 빨래방에 세탁 대행 서비스를 확장하면서 연 7000만 원의 추가 매출이 생긴다. A의 매장은 다소 구식이었기에 웹사이트, 간판, 구독 모델, 자판기 등을 도입한다. 이런 개선 덕분에 연 1억 8000만 원의 추가 이익이 생긴다.

▫ 총 수익: 7억 3000만 원
▫ 수익원 수: 3명

**4단계: 자산 인수(기계 확장)**

A의 매장에서 직접 운영 노하우를 익히면서 보니, 세탁기와 건조기를 더 들일 여유 공간이 있다. 기계가 늘어나면 수익도 늘어난다. 당신은 중고 장비를 찾던 중, 도시 반대편에서 폐업 예정인 빨래방을 소개받는다. 그곳에서 장비를 헐값에 인수해 매장에 들이고, 설비를 30퍼센트 확장한다.

- 추가 수익: 연 7000만 원
- 총 수익: 8억 원
- 수익원 수: 4명

**5단계: 위성 인수(배달 서비스)**

이제 당신은 빨래방 사업을 통해 연 8억 원을 벌고 있다. 이 정도면 충분할 것 같지만, 마진을 늘리고 고급 고객을 유치하고 싶은 욕심이 생긴다. 그 해답은 세탁물 배달 서비스다. 당신은 기존 세탁물 배달 업체로부터 차량을 인수해, 세탁 대행 서비스에 픽업·배달 서비스를 추가하고, 연 3억 5000만 원의 수익을 더 올린다. (참고로 내가 투자한 빨래방 한 곳은 이 배달 서비스만으로 연 40억 원이 넘는 매출을 기록했다. 차량이나 세탁기 같은 장비는 가속 감가상각을 통해 세금 공제를 받을 수 있으므로 회계사와 상의하라.)

물론, 이 전략은 일의 복잡도와 물류 리스크도 함께 따라온다. 운영이 까다롭고, 드물게는 기물 파손이나 도난 사건 등도 생길 수 있다. 이런 리스크는 과소평가하지 말자.

- 총 수익: 11억 5000만 원
- 수익원 수: 5명

**6단계: 수평적 인수(세제 제품화)**

수익원을 다각화할 때 지출 분석으로 접근하면 좋다. 고정비 항목을 점검하자 '세제'가 눈에 띈다. 그렇다면 이 비용을 수익으로 전환할 수는 없을까?

예를 들어, 대용량 세제를 섞어 자체 브랜드로 병입해 판매한다면 가능성이 열린다. 이렇게 하면 세제 원가를 30~50퍼센트까지 절감할 수 있을 뿐 아니라, 남는 제품을 경쟁 업체에 판매해 추가 수익도 창출할 수 있다. 실행 방식은 여러 가지다. 직접 세제 제조업체를 인수하거나, 제조 장비를 도입해 생산을 내재화하는 방법이 있다. 혹은 OEM 파트너십을 통해 수익을 나누거나, 제휴를 맺고 수수료를 받는 구조로도 운영할 수 있다. 이로 인한 추가 수익은 연 2억 8000만 원이다.

무엇보다, 기존 사업의 현금흐름이나 매도자 금융을 활용하면 별도의 자금 없이도 실행 가능하다. 세금은 줄이고, 현금흐름은 늘리는 일석이조의 전략이다.

- 총 수익: 14억 3000만 원
- 수익원 수: 6명

**7단계: 부동산 인수**

당신은 이제 연간 14억 원의 순이익을 올리는, 작지만 강력한 사업 제국을 구축했다. 총매출은 대략 40억~50억 원 수준일 것이다. 이제는 운영 효율을 높이고, 수익성을 한 단계 더 끌어올릴 시점이다. 빨래방 운영에서 가장 큰 고정비는 수도, 전기, 인건비, 그리고 임대료다. 이 중 임대료를 줄일 수 있다면 어떨까?

차라리 상가 건물을 직접 매입해 내 사업의 건물주가 되는 것이 더 나은 선택일 수 있다. 이렇게 하면 감가상각과 각종 세금 공제를 통한 혜택도 얻을 수 있다. 대출을 활용해 건물을 사고, 다른 세입자들로부터 받는 임대료로 소유 비용을 상쇄하는 구조를 만든다.

- 부동산 인수를 통한 추가 수익: 1억 4000만 원
- 총 수익: 15억 7000만 원
- 수익원 수: 7명

물론 이 모든 과정이 언제나 계획대로 흘러가지는 않는다. 더 빠를 수도, 더 느릴 수도 있다. 상황에 따라 당신만의 방식과 창의력을 덧붙이게 될 수도 있다. 하지만 핵심은 이것이다. 사업은 자연스럽게 성장시킬 수도 있지만, 성장 자체를 살 수도 있다. 현금흐름이 안정되면 그 자금으로 규모를 키우고, 다른 회사를 인수할 여력이 생긴다. 그래서 나 역시 뉴스레터 회사, 미디어 회사를 계속 인수하고 있다. 경쟁할 필요 없다. 그냥 사들이면 된다.

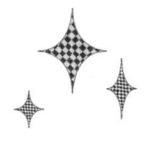

### 14장

# 새로운 삶을 위한 출구 찾기

　장담하건대, 언젠가는 당신도 사업에서 손을 떼고 싶어지는 순간이 올 것이다. 사업가들은 자신의 왕국을 세우는 걸 좋아하지만, 결국엔 그 왕관의 무게에 지치고 만다. 창업 1년 차에는 이렇게 말한다. "난 이 회사를 사랑해. 이 사람들은 내 가족이고, 평생 이 일을 할 거야."

　하지만 8년 차쯤 되면 말이 바뀐다. "내 인생은 지겹고, 직원들도 날 싫어해. 이 회사를 사갈 사람이 없을까?"

　제프 베이조스조차도 27년간 아마존을 이끌다 결국 요트를 타고 유람하는 삶을 택했다. 그러니 처음부터 '끝'을 염두에 두고 시작하라. 현실적으로, 소규모 사업 중 매각에 성공하는 비율은

30퍼센트 미만이며, 출구 전략을 미리 세우는 사업주는 20퍼센트도 되지 않는다. 그러나 준비된 사람은 회사를 매각해 수십억 원을 손에 넣는다. 나는 당신이 그 '준비된 사람' 중 한 명이 되길 진심으로 바란다.

샘 파Sam Parr는 자신의 회사를 연 매출 수십억 원 규모로 성장시켰다. 30대 초반의 나이였지만, 성공의 이면엔 불면과 불안, 자금 압박이 도사리고 있었다. 창업 5년 차에 인수 제안을 받았을 때 샘은 겉으론 무심한 척했지만 속으로는 쾌재를 불렀다. 결국 그는 회사를 팔고 수백억 원을 손에 넣었다. 자금 지원 없이 스타트업을 운영하는 일은 전쟁과도 같다. 몇 달간의 지루함 속에 몇 초간의 극한 공포를 오간다. 명성도, 수익도 얻을 수 있지만, 그 이상의 스트레스를 감당해야 한다. 그래서 그는 떠났고, 잘 떠났다.

또 다른 사례도 있다. 마크 블라스캄프Mark Vlaskamp는 낡은 빨래방을 인수해 리모델링했고, 곧 여러 매장을 추가로 사들였다. 많은 사람이 빨래방을 시대에 뒤처진 사업이라 생각하지만, 그는 그 고정관념을 완전히 뒤집었다. 넓고 깔끔한 매장은 늘 붐볐고, 세탁물 수거·배달 서비스를 도입해 기계를 하루 22시간 돌렸다. 관광객, 출장 온 프로 스포츠팀까지 그의 서비스를 이용했다.

매장 뒤편은 아마존 물류창고처럼 세탁물 가방과 배달 준비를 마친 옷들로 가득 찼다. 직원들은 밤새 옷을 세탁하고, 정리하고, 최대 60킬로미터 거리까지 직접 배달했다. 그는 이 사업을 단 2년 만에 연 매출 40억 원 규모로 키웠고, 55억 원에 매각할 예정이다. 그는 유능한 운영자를 넘어 탁월한 기업가로서, 다음 기회를 향해 나설 준비를 마쳤다.

약간의 운과 꾸준한 실행만 있다면, 다음 이야기의 주인공은 바로 당신일 수 있다.

## 언제 파는 게 가장 좋을까?

좋은 사업은 언제든 팔 수 있다. 금리가 오르든, 매각가가 떨어지든, 팬데믹이 닥치든, 훌륭한 사업은 항상 거래 가능하다. 물론 경제 상황은 협상에 영향을 미친다. 예를 들어 금리가 높을 경우, 매수자는 가격 인하를 요구하고, 매도자는 원하는 가격을 유지하기 위해 더 유리한 조건을 제시해야 할 수도 있다.

앞으로 베이비붐 세대가 자신이 일군 사업의 가치를 깨닫고 사업체를 시장에 내놓기 시작하면, 시장에는 더 많은 기업이 매각 후보로 나올 가능성이 크다. 그만큼 매도자 간 경쟁도 치열해질 것이다. 하지만 그게 곧 매각 기회가 줄어든다는 뜻은 아니다. 실제로 2023년 기준, 대부분의 사업 중개업자들은 전년 대비 더 많은 거래를 성사시켰다. 매물은 늘었지만, 매수자 수도 함께 증가했기 때문이다.

또 하나 기억해야 할 점이 있다. 사업 매각은 시간이 오래 걸리는 일이라는 것이다. 준비에만 수개월, 길게는 1년 이상 걸릴 수 있다. 하지만 가치 있는 일은 늘 그렇듯, 빠르지도 쉽지도 않다. 칠면조를 빨리 굽고 싶다고 오븐 온도를 900도로 설정할 수는 없는 법이다. 지금의 경제 상황이 매각 시점에도 같으리라는 보장

**칠면조를 한 시간 안에 굽겠다고
오븐 온도를 900도에 맞출 수는 없다.**

도 없다. 그러니 지금부터 준비하는 것이 유일한 해답이다. 준비된 사람은 위기 속에서도 돈을 번다. 나는 세차장 몇 곳에 투자해 8~10배 수익을 올린 적이 있다. 지금은 같은 업종이 12~24배 수준에 거래되고 있다.

결론은 단순하다. 나쁜 경제는 나쁜 거래만 망친다. 좋은 사업은 언제나 팔 수 있다.

## 사업 가치를 높이는 법

사업의 가치는 단순히 '얼마나 많은 수익을 내는가'로만 결정되지 않는다. 그 수익이 얼마나 지속 가능한지, 운영 과정에서 얼마나 피로와 스트레스를 유발하는지, 그 부담을 덜기 위해 어떤 시스템이 갖춰져 있는지까지 모두 평가 기준이 된다.

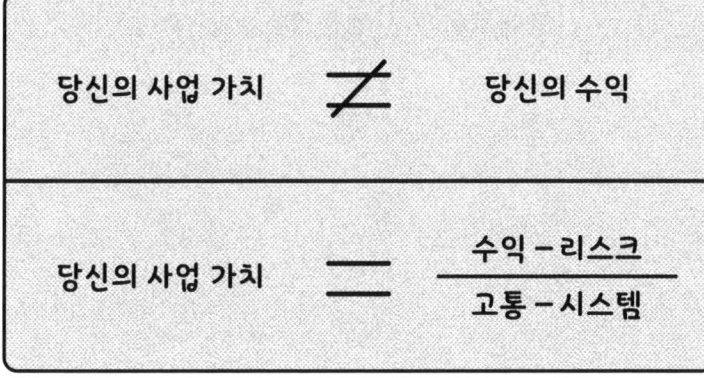

사실 이 주제만으로도 책 한 권을 쓸 수 있지만, 여기서는 핵심만 간단히 짚고 넘어가자.

당신의 사업 가치는 '실제로' 얼마일까? 누군가가 기꺼이 지불하겠다고 한 금액만큼일까? 맞다, 하지만 그 숫자는 당신에게 유리한 방식으로 조정할 수도 있다. 이제 판을 당신 쪽으로 유리하게 짜보자.

보통 사업 가치는 다음 3가지 방식으로 산정된다.

- 공인 감정 평가 : 필수는 아니지만, 매수자 측 대출기관에서 요구할 수 있다. 비용은 보통 2000만 원 이상이다.
- 비공식 가치 산정 : 회계사, 컨설턴트, 중개인 등이 지역 및 업종별 사례를 기준으로 평가한다.
- 수익에 업종별 배수(2~10배) 적용 : 이는 내가 사업 인수 시 가장 선호하는 방식이다. 다만 매도자 입장에서는 이 배수를 높게 만드는 게 핵심이다.

## 왜 대부분의 사업은 안 팔리는가

사업의 70퍼센트 이상은 실제로 매각까지 이르지 못한다. 그 이유를 알려면 매수자의 시선으로 생각해봐야 한다. 매수자가 확신해야 하는 3가지 질문은 다음과 같다.

- 이 사업은 지금 살 만한 가치가 있는가?
- 이 구조라면 대출금을 무리 없이 상환할 수 있는가?
- 전체적으로 합리적이고 안전한 거래인가?

매수자는 이렇게 생각할 수 있다. "왜 지금 팔려고 하지? 뭔가 숨기는 건 아닐까? 앞으로 성장 가능성은 있어 보이는데, 정말 체력이나 의욕 문제일까?" 매수자는 그 질문에 스스로 납득할 수 있어야 거래에 나선다.

준비된 자만이 팔 수 있다. 매각을 원한다면, 매수자가 '절대 놓치면 안 된다'고 생각할 조건을 갖춰야 한다. 은행이 대출을 꺼릴 이유가 없을 만큼 탄탄한 구조 또는 모두가 탐낼 만큼 매력적인 수익성을 보여줘야 한다.

그리고 무엇보다, 매수자의 가장 큰 걱정은 '이 사업이 과연 당신 없이도 잘 돌아갈까?'이다. 그 해답은 오직 당신의 준비에 달려 있다. 매각 전에 반드시 '당신 없이도 작동하는 시스템'을 만들어야 한다. 직원들이 사업의 구조와 흐름을 정확히 이해하도록 훈련해야 한다. 이 체계는 매각이 아니더라도 예기치 못한 상황에서 당신의 사업을 지키는 비상 대비책이 될 수 있다.

매수자는 냉정하고 신중하다. 예민하고 의심도 많다. 자신의 돈과 시간, 인생을 걸고 사업을 인수하는 것이기 때문이다. 그들은 단순히 수익만 보지 않는다. 당신이 왜 이 업종을 택했는지, 어떤 어려움을 겪었고, 어떻게 극복했는지, 지금까지 운영 방식은 어떠했는지, 매각 후에는 어떤 계획이 있는지 궁금해할 것이다. 그 순간을 대비하라. 매수자의 질문은 충분히 예측 가능하며, 답변은 미리 준비할 수 있다.

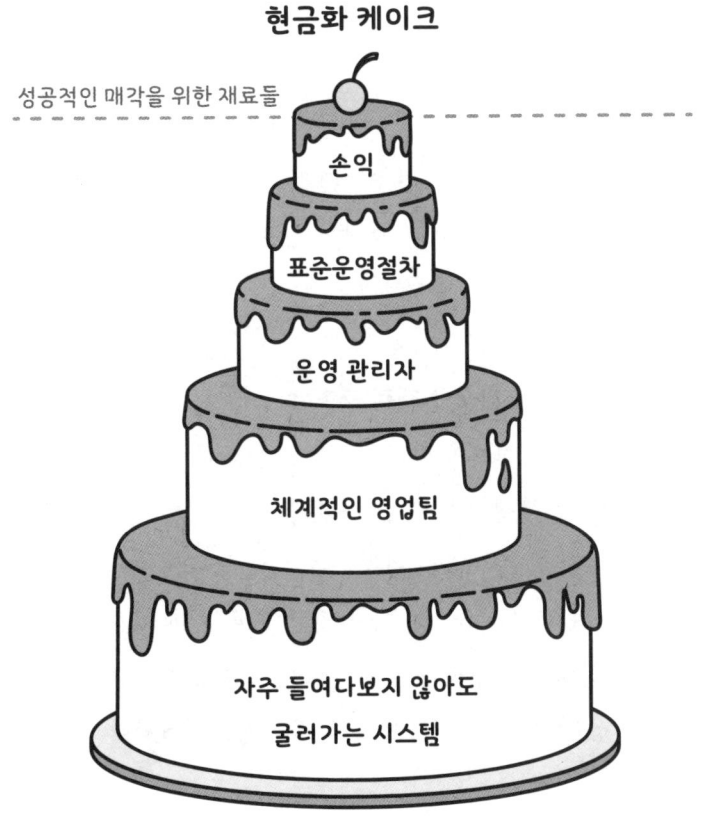

레시피 없이 케이크를 만들어본 적 있는가? 결과는 뻔하다. 베이킹은 감으로 하면 망하기 쉽다. '현금화 케이크'도 마찬가지다. 좋은 결과를 얻으려면 제대로 된 재료가 필요하다.

❶ 단순한 재무 구조
❷ 상세한 표준운영절차
❸ 충성도 높은 직원
❹ 대표가 없어도 돌아가는 구조
❺ 깔끔하게 맞춰진 수치
❻ 다양한 수익 채널
❼ 체계적인 영업팀

이 7가지 재료를 갖추면, 사업을 수십억 원에 매각하는 일이 훨씬 수월해진다. 만약 이 중 빠진 요소가 있다면, 지금 바로 보완하고 그 효과를 수치로 증명하라.

### 첫 번째 재료: 단순한 재무 구조

예전에 폐업 직전의 회계 사무소를 헐값에 인수할 기회가 있었다. 그런데 사무실에 들어서자마자 문제가 보였다. 촌스러운 주황색 털 카펫, 전구가 빠진 형광등은 무시하더라도, 바닥에 세금신고서, 장부, 각종 서류 상자가 산처럼 쌓여 있고, 여기저기 커피 자국까지 선명했다. 우리가 재무 자료를 요청하자 직원은 이렇게 말했다. "저기 저 상자 두 개요. 편하게 보세요." 실제로 확인해보니, 장부와 세금 신고서 수치가 전혀 맞지 않았다. 심지어 현금과 카드 결제 비율도 파악이 안 되는 상황이었다. 이런 곳이 회계 사무소라니. 국세청이 보면 기절할 만한 수준이었다.

그렇다면 바람직한 사례는 어떤 모습일까? 세금 신고서와 회계 자료가 일치하고, 매출, 비용, 현금흐름이 깔끔히 정리되어 있으며, 클릭 한 번이면 스프레드시트로 확인 가능하다. 순이익은 해마다 개선되고 있고, 자료는 회계사에 의해 사전 검토와 감사가 완료된 상태다. 게다가 총부채 대비 소득 비율이 43퍼센트 이하라면 더욱 매력적이다. 부채가 적을수록 매각가는 높아지기 때문이다. 이 정도 재무 구조라면, 칼도 댈 필요 없는 부드러운 케이크 같은 사업이다.

### 두 번째 재료: 상세한 표준운영절차

표준운영절차는 다소 지루해 보이지만, 한 번만 제대로 정리해두면, 두 번 설명할 필요가 없는 강력한 시스템 자산이 된다.

'3회 규칙'을 적용하라. 세 번 이상 반복되는 업무, 세 단계 이상의 과정이 생기는 작업은 반드시 문서화해야 한다. 이렇게 하면 매수자는 직원들이 무슨 일을 어떻게 하는지 일일이 파악할 필요 없이 그대로 인수해 운영할 수 있다. 과거 작업 기록까지 함께 제공된다면 더욱 신뢰를 얻을 수 있다.

직무별 교육 자료도 추가해야 한다. 각 직원에게 각자의 핵심 업무 10가지를 정리하게 하라. 구글 문서를 활용해 매주 표준운영절차를 업데이트하면, 문서는 단순한 기록을 넘어 살아 있는 시스템이 된다. 또한 회의록, 개인 및 부서별 성과표, 직무기술서, 조직도, 거래처 이메일 양식, 회의 알림 및 응답 기준 등도 문서화해 두었다면, 당신은 현장 관리자가 아닌 진짜 경영자다.

반면, 표준운영절차가 없는 사업은 당신이 없으면 멈추는 사업이다. 누가 무슨 일을 어떻게 하는지 아무도 모르고, 고객 응대 매뉴얼도 없으며, 교육 자료도, 관리 도구도 없다. 성과는 당신의 머릿속에만 있고, 직원들은 늘 감시받는 기분으로 일한다. 겉으로는 돌아가지만, 실제로는 혼돈 위에 아슬아슬하게 서 있는 구조다. 그리고 안타깝게도, 대부분의 소기업이 이 상태에 머물러 있다.

### 세 번째 재료: 충성도 높은 직원

매수자는 이직률이 높은 사업체를 꺼린다. 낮은 이직률은 매각 시 강력한 신뢰 지표가 된다.

나쁜 예는 '상시 채용 중'인 상태다. 직원이 자주 바뀌고, 유능한 인재는 오래 머물지 않으며, 관리자들마저 갓 영입된 인물이다.

### 네 번째 재료: 대표가 없어도 돌아가는 구조

이상적인 사업은 대표가 한 달 동안 자리를 비워도 아무 문제없이 운영되는 구조다. 채용 절차는 체계적이고, 직원들은 5년, 10년, 20년 근속을 자랑스레 기념한다. 대표가 직접 챙겨야만 굴러가는 사업은 매각 가치가 낮다. 조직이 대표에게 의존하지 않고도 돌아가는 독립적인 구조를 갖춰야 매각 시장에서 높은 평가를 받는다.

### 다섯 번째 재료: 깔끔하게 맞춰진 수치

이상적인 매각 조건은 손익계산서와 세금 신고서의 수치가 정확히 일치하는 경우다. 사업자 대출 승인에도 이 서류 일치는 필수적이다. 만약 세금 신고서에 잡히지 않은 수익이나 혜택이 있다면, 그에 대한 명확한 설명과 문서화가 필요하다. 이러한 비공식 수익은 거래 시 보증 또는 조정 대상이 되어 매각가에 악영향을 줄 수 있다. 또한 '가산 조정 add-back' 전략도 필요하다. 이 전략에 따라 몇 천 만원의 매각 차익이 생길 수도 있다. 자세한 내용은 뒤에서 다루겠다.

### 여섯 번째 재료: 다양한 수익 채널

좋은 사업은 SNS, 아마존, 구글, 유료 광고, 자연 유입 등 고객 유입 경로가 다양하다. 특정 채널이나 단일 고객에 의존하지 않는 구조다. 어느 한 채널에서 유입된 고객이 전체 매출의 15퍼센트 이상을 차지하지 않도록 관리되어 있어야 한다. 또한 트래픽 편중이 발생하지 않도록 격차 분석과 보완 전략도 병행돼야 한다. 만약 모든 고객이 페이스북을 통해 유입되는데, 어느 날 마크 저커버그가 계정을 정지한다면? 사업도 함께 멈춘다.

### 일곱 번째 재료: 체계적인 영업팀

영업은 혼자보다 둘이 하는게 낫다. 그리고 예측 가능한 반복 매출을 만들려면 체계적인 영업 시스템이 반드시 필요하다. 그래야 사업 인수자 역시 매출 흐름을 문제없이 이어갈 수 있다.

## 수십억 원에 사업을 매각하기 위한 7가지 재료

❶ 단순한 재무 구조
한 번의 클릭으로 열람할 수 있는
명확한 수익과 지출 내역

❷ 상세한 표준운영절차
반복 가능한 시스템과 프로세스를
문서화하여 효율성 극대화

❸ 충성도 높은 직원
체계적인 채용 절차를 통해
선발된 인재들이 장기간 근속

❹ 대표가 없어도 돌아가는 구조
경영진의 장기 휴가에도 문제없이
운영되는 시스템 구축

❺ 깔끔하게 맞춰진 수치
손익계산서와 세금 신고서의 정확한 일치

❻ 다양한 수익 채널
특정 고객에 대한 매출 의존도를
15퍼센트 미만으로 유지

❼ 체계적인 영업팀
영업 인력 확보는 필수

전 직장 퍼스트트러스트에서 중남미 전역을 담당하게 되었을 때, 기존 고객은 단 한 명도 없었고 영업도 오롯이 내 몫이었다. 끝없는 프레젠테이션과 접대, 발품 팔기를 반복하며 계약을 따냈다.

매출이 계속 오르면서 나는 팀을 꾸리고 내 영업 프로세스를 직원들에게 가르쳤다. 각 나라에 담당자를 배치하고, 백업 인력도 확보했으며, 누구나 따라 할 수 있는 세일즈 프로세스를 갖췄다. 이게 바로 당신의 사업에 필요한 영업 구조다.

### 이익을 극대화하는 매각 전략

더 많은 수익 ➡ 더 높은 매각가. 공식은 단순하다. 매수자가 가장 집중하는 건 당신의 노력이나 잠재력이 아니라, 지금 이 사업이 벌어들이는 순이익이다.

대부분의 매수자는 순이익의 배수를 기준으로 매입가를 산정한다. 40억 원 이상 규모의 사업이라면 EBITDA(이자·세금·감가상각비 차감 전 영업 이익)를, 그보다 작으면 보통 SDE(매도자 재량 소득)을 기준으로 한다. SDE란 연간 순이익에 더해, 사업주가 사업을 통해 얻은 의료보험, 차량, 헬스장, 연금 등 개인적 혜택을 포함한 금액이다. 즉, 사업이 실제로 창출하는 총 경제적 이익을 나타낸다.

SDE 산정에서 가장 중요한 요소가 바로 가산 조정이다. 이는 매수자 입장에서는 껄끄럽지만, 매도자에게는 매각가를 높일 수 있는 강력한 무기다.

『엑시트 프로의 전략Exitpreneur's Playbook』의 저자 조 밸리는 "가산 조정을 놓치는 것은 사업 매각에서 가장 흔하고 치명적인 실수"라고 말한다.

가산 조정이란 매각가 산정 시, 일회성 비용이나 사업주 개인 혜택 항목을 순이익에 다시 더하는 것이다. 예를 들어 사업용으로 간간이 쓸 목적으로 1억 원 상당의 픽업트럭을 구입했다면, 이 비용은 사업의 실제 수익성에 영향을 준 것이므로 가산 대상이다(심지어 트럭을 개인 자산으로 가져가더라도 마찬가지다). 기타 가산 항목에는 사업주의 고액 연봉, 건강보험, 개인 퇴직연금 납입, 기부금 등이 있다. (단, 세무 기준과 매수자와의 협의에 따라 인정 여부는 달라질 수 있다.)

하지만 주의할 점이 있다. 가산 조정을 적용할 땐 투명성이 핵심이다. 예를 들어, 매수자가 당신의 연봉을 보고 "이게 주 40시간 기준인가요?"라고 물었을 때, 실제로는 주 80시간 일해왔다면? 그 순간, 매수자는 그만큼 인건비가 더 든다고 판단해 매입가를 깎으려 들 수도 있다.

향후 몇 년 안에 사업 매각을 고려하고 있다면, 지금부터 회계사와 함께 준비해야 한다. 감가상각과 비용 처리 방식을 조정하고, 가산 항목을 체계적으로 기록하고, 세금 감면보다 수익 증빙 중심으로 장부를 정리하라. 보통은 세금을 줄이기 위해 장부상 수익을 낮추는 전략을 쓰지만, 매각이 목적이라면 반대 전략이 더 유리하다. 세금을 조금 더 내더라도 높은 매각가로 수억 원 이상의 추가 이익을 얻을 수 있기 때문이다.

## 많이 아는 사람이 더 똑똑하게 매각한다

소규모 사업의 매각가는 일반적으로 SDE의 2~3배 수준에서 형성된다. 예를 들어 SDE가 연간 1억 원이라면, 매각가는 보통 2억~3억 원일 것이다. 하지만 업종 특성과 앞서 말한 '현금화 케이크'의 요건을 얼마나 잘 갖추었느냐에 따라 최대 5배까지도 가능하다.

매각 배수에 영향을 주는 주요 요인은 다음과 같다.

- 비교 매물: 같은 지역, 같은 업종에서 2~3배 이상의 배수로 거래된 사례가 있다면 당신도 그만큼 높은 평가를 기대할 수 있다.
- 자산 상태: 장비와 설비의 연식과 상태는 핵심 평가 요소다. 예컨대 빨래방의 세탁기가 12년 됐다면, 매수자는 교체 비용을 감안해 매각가를 깎으려 할 것이다.
- 진입 장벽: 경쟁자가 쉽게 따라올 수 없는 구조일수록 가치가 높다. 입지, 기술, 운영 방식에서 차별화된 요소가 있는가?
- CRM(고객 관계 관리 시스템): 고객 정보가 체계적으로 정리된 CRM은 명확한 가산 요소다.
- 온라인 평판: 온라인 평점과 후기는 매수자의 첫인상과 신뢰도를 크게 좌우한다.
- 이익률과 반복 수익 구조: 단순 매출보다 이익률이

중요하다. 구독 서비스, 유지보수 계약, 멤버십 등 반복
수익 모델이 있으면 예측 가능성과 안정성 덕분에 배수가
올라간다.

- 매도자의 목표: 선불 일시금과 분할 수령 중 어떤 구조를
  원하는가? 직원 고용 유지가 중요한가? 매각 후 일정 기간
  조언자로 남을 의향이 있는가?
- 대표자 의존도 및 시간 투입: 사업이 대표 1인에게 지나치게
  의존하는 구조라면, 매수자는 추가 인건비를 고려해 낮은
  배수를 제시할 수 있다. 예를 들어, SDE가 연 4억 원 규모인
  사업을 대표가 주 50시간씩 일하며 운영하고 있다면,
  매수자는 1.5배(6억 원) 정도만 제시할 수 있다. 반면, 이미
  운영자가 따로 있는 구조라면 최대 3.5배(14억 원)까지
  가능하다.

### 매도자 금융

매각가를 최대한 높이고 싶다면 매도자 금융을 고려하라. 당장 전액을 받을 필요가 없다면, 매수자에게 일부 자금을 대출 형식으로 지원해 더 좋은 조건의 거래를 이끌어낼 수 있다. 장점은 크게 3가지다. 첫째, 매수자 입장에서 자금 부담이 줄어들기 때문에 보다 높은 가격을 받아낼 수 있다. 둘째, 일시금이 아니라 여러 해에 걸쳐 수익을 나눠 받으면, 과세 소득을 분산시켜 세금 부담도 줄어든다. 셋째, 대출 형식이므로 이자까지 더해져 총 수익이

증가한다. 단, 계약 구조는 반드시 법률 전문가와 상의해야 한다. 지급 지연 또는 연체 시 소유권 회복 조건, 매출 급감 또는 재무 악화 시 담보권 실행 조항 등 보호 장치를 꼼꼼히 마련해야 안전하다.

### 중개인, 믿어도 될까?

사업 매각은 떠날 결심을 하는 동시에 사업에 가장 집중해야 하는 일이다. 그런 상황에서 중개인은 큰 도움이 된다. 통상 매각가의 10퍼센트 정도를 수수료로 내야 하지만, 유능한 중개인은 그 이상의 가치를 만든다. 이들은 사업 매물 홍보, 진지하지 않은 문의자 걸러내기, 유망 매수자 탐색 및 사전 심사, 인수 실사를 위한 서류 준비까지 맡아준다.

심지어 매각 전, 단기간에 사업 가치를 끌어올릴 수 있는 조언도 해준다. 보통 매각까지는 약 9개월이 걸리므로, 그 기간 동안 당신은 사업에 집중하고 중개인은 매각 작업을 전담하도록 하자.

하지만 주의할 점도 있다. 모든 중개인이 신뢰할 만한 건 아니다. 12개월 독점 계약을 요구해 놓고 형식적인 광고만 내는 중개인도 있다. 해당 업종에서 실적 있는 중개인, 그리고 이미 자금 조달을 마친 매수자 네트워크를 갖춘 중개인을 찾아야 한다.

가장 좋은 방법은 지인의 추천이다. 후보 중개인에게 이렇게 물어보라. "어떻게 매수자를 찾고, 어떻게 선별하나요?", "기존 고객을 위해 어떤 자료나 광고를 제작했나요?" 당신의 사업을 깊이 이해하려는 태도도 중요한 기준이다.

훌륭한 중개인을 찾는 일은 최고의 투자이고, 어설픈 중개인을 만나는 것은 시간과 돈을 낭비하는 일이다.

## 성공적으로 엑시트한 후에는?

어느 날 밤, 당신은 뜬눈으로 뒤척일지도 모른다. 매수자가 내 사업을 엉망으로 만들었다는 생각에 화가 나거나, '더 비싸게 팔 걸 그랬나' 하는 아쉬움이 밀려올 수도 있다. 예전 직원들에게서 푸념 섞인 연락이 오기도 한다. 사업 매각에는 언제나 말로는 설명 못할 감정들이 뒤따른다.

하지만 반가운 소식이 있다. 이번이 마지막은 아니라는 것이다. 언젠가 또 다른 기회가, 또 다른 사업의 유혹이 당신을 부를 것이다. 나에게는 그 시작이 빨래방이었다. 당신에겐 세차장일 수도 있고, 공유창고일지도 모른다. 확실한 건 하나다. 첫 거래가 성공하면, 당신은 분명 다시 시작하고 싶어질 거라는 사실이다.

딜 메이커가 되고 나면 세상의 모든 것이 거래의 관점으로 보이기 시작한다. 추가로 인수할 업체, 확장 아이디어, 투자할 자금이 끊임없이 눈앞에 나타난다. 곧 당신은 깨닫게 된다. 이 게임에는 한계가 없다는 것을. 의지와 열정만 있다면 '지루한 사업'을 사고파는 일은 지루하긴커녕, 더 없이 짜릿하고 흥미진진한 게임이 된다.

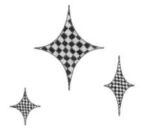

마치며

# 자신을 과소평가하지 말라

지금까지 배운 내용을 되짚어보자. 이제 진정한 경제적 자유의 비결이 '소유'에 있다는 사실을 확실히 알게 됐을 것이다. 지속 가능한 현금흐름을 만드는 가장 확실한 방법은 이미 자리를 잡은 평범한 사업체를 인수하는 것이라는 것도 배웠을 것이다. 이는 대부분의 스타트업이 실패하는 가장 큰 이유(수익 부족)와도 연결된다.

R.I.C.H. 전략, 즉 소규모 사업체를 인수하고, 운영하고, 성장시키는 법을 익힌 당신. 자신에게 맞는 사업을 고르는 것부터 조직 문화를 만들고 리더로서 이끄는 법, 당장 수익을 올리는 실전 마케팅 전략, 적절한 시기와 방법을 찾아 수익을 극대화하며 엑

시트하는 것까지. 이제 모든 그림을 갖췄다.

    이 모든 과정이 쉽지는 않다. 하지만 포기하지 않고 밀고 나 간다면 누구라도 충분히 해낼 수 있는 일이다. 작게 시작해도 괜 찮으니, 일단 시작하라. 성장 가능성이 큰 단순한 사업을 찾고, 전 화를 걸고, 사람을 만나고, 누렇게 바랜 재무제표를 꼼꼼히 들여 다보라. 그러다 보면 당신의 통장에 0이 하나씩 늘어나게 될 것이 다. 이 책에 담긴 도구, 전략, 사례들은 단지 경제적 자유만을 위 한 것이 아니다. 당신의 선택과 실행은 나라의 미래에도 기여하 게 될 것이다. 이제, 자신만의 첫 번째 인수 여정을 시작하라.

    원하든 원치 않든, 우리는 이미 전쟁 중이다. 일반 시민 대 초 대형 자본, 거리의 작은 가게들 대 월스트리트 사이의 보이지 않 는 전쟁 말이다. 블랙록, 블랙스톤, KKR, 아마존 같은 세계 상위 1퍼센트 자본은 세상의 모든 것을 소유하려 한다.

    2022년에 이들은 미국의 주택 네 채 중 한 채를 사들였고, 지 역 사업체 세 곳 중 한 곳을 인수했다. 우리는 그저 그들을 위해 일하는 게 아니다. 그들이 설계한 세상 속에서 살아가고 있는 것 이다. 그들은 안개처럼 조용히 퍼진다. 그리고 우리는 점점 소작 농, 세입자, 선택권 없는 소비자로 전락하고 있다.

    그럼 우리는 어떻게 싸워야 할까? 지역 상점 이용하기? 규제 강화? 온라인 시위? 모두 역부족이다. 우리가 이길 수 있는 유일 한 방법은 그들의 전략을 그대로 되돌려주는 것이다.

    바로 '소유'다.

    내가 이 책을 쓴 이유는 단 하나, 이 전쟁에서 우리가 승리할

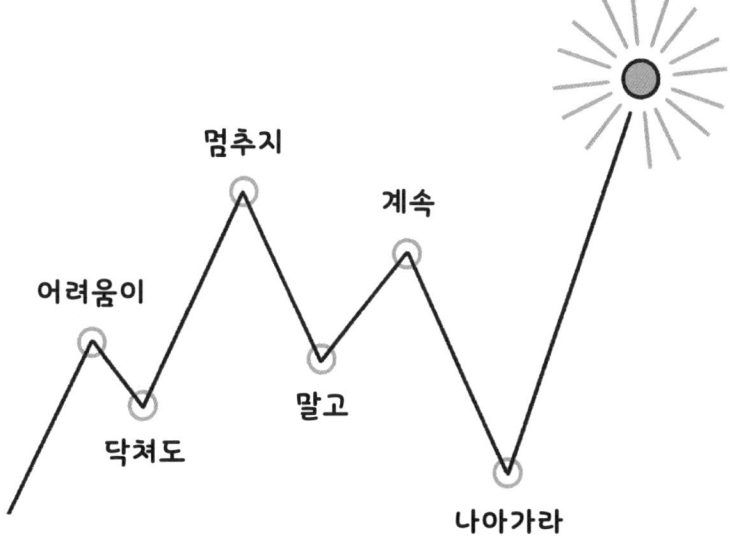

수 있다고 믿기 때문이다. 바로 당신이 그 승리를 이끌 사람 중 하나다. 당신은 기업가다. 세상을 바꾸는 힘을 가진 사람.

불가능을 현실로 만드는 탐험가이자 창조자다.

돈을 위해 소규모 사업을 인수해도 좋다. 하지만 더 큰 대의에 동참해 달라. 이건 경제 전략이자, 조용한 혁명이다.

부디 자신을 과소평가하지 말라. 세상을 바꿀 당신의 역량을 외면하지 말라. 세상의 흐름은 언제나 소수의 선택으로 바뀌어 왔다. 단 1~5퍼센트의 행동이 국가의 방향을 바꾸고, 다음 세대의 운명을 바꾼다. 하나의 사업체를 인수하고 조금 더 나은 방식으로 운영해 나가는 일은 단순한 거래가 아니라 지역 주권을 되찾는 일이다. 다음 세대를 위한 책임 있는 행동이다.

이 나라에 지금 필요한 것은 새로운 데이팅 어플도, 중국 공장과 연결된 또 하나의 쇼핑몰도 아니다. 지금 우리에게 필요한 것은 작은 사업을 지키고 이어갈 새로운 기업가다. 지역 경제를 살리고, 동네의 개성과 생기를 보존할 작고 평범한 사업들이 이 나라를 다시 일으켜 세울 것이다.

지금, 당신이 살고 있는 동네부터 바꾸자. 이미 자리를 잡은 사업을 인수하라. 그리고 그것을 당신이 꿈꾸는 회사로 키우라. 소유는 당신의 자유를 위한 열쇠이며, 모두의 자유를 위한 열쇠다.

코디 산체스

**지은이** 코디 산체스 Codie Sanchez

월스트리트의 뱅가드·골드만삭스·스테이트스트리트·퍼스트트러스트 등 유수의 금융사에서 컨설턴트로 커리어를 시작한 세계적인 기업가. 주말도, 저녁도 없이 10년 동안 부자들의 지갑을 불려주면서 그가 깨달은 진실은 오직 '소유'만이 완전한 경제적 자유로 가는 방법이라는 것이다. 이후 자신이 수없이 실행해온 기업 인수합병 전략을 개인 사업에 적용하는 방식을 개발하여, 자신만의 비즈니스를 꾸려나갔다.

작지만 강한 알짜배기 생활 업체들을 여럿 인수했고, 수천만 달러의 매출을 만들어내며 자신의 투자 공식에 확신을 얻었다. 2021년, 그는 마침내 사람들이 재정적 자유를 누리도록 돕는 금융 미디어 회사 콘트레리언 싱킹Contrarian Thinking을 설립했다. 비즈니스 노하우와 사업가 마인드셋을 알려주는 뉴스레터 구독자는 100만 명을 돌파했고, 소셜미디어 채널은 합계 600만 팔로워를 기록했다. 유튜브 채널의 누적 조회수는 3억 회를 훌쩍 넘기며 최고의 자기계발 채널로 급부상 중이다.

현재 전 세계에서 뜨거운 관심을 받는 코디 산체스가 자신의 성공 방법을 압축하여 담은 책이 바로 『마지막 부의 공식』이다. "이 책을 읽고 경제적 자유를 향한 한 걸음을 내디딜 용기를 얻었다"는 생생한 리뷰가 꾸준히 달리고 있는 이 책은 《뉴욕 타임스》 베스트셀러, 미국 아마존 비즈니스 분야 1위에 올랐다.

**옮긴이** 이민희

충실하게 듣고 능숙하게 전달하는 사람이 되고 싶은 번역가. 늘 가장 좋은 해석을 꿈꾼다. 옮긴 책으로 『네버 라이』, 『멈추고 싶다면 멈추지 마!』, 『사람들이 내 말에 집중하기 시작했다』, 『무기가 되는 시스템』 등이 있다.

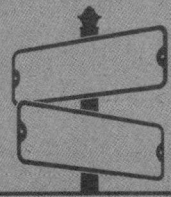

# 마지막 부의 공식
주식·부동산·코인 너머의 전략

펴낸날 초판 1쇄 2025년 11월 14일
지은이 코디 산체스
옮긴이 이민희
펴낸이 이주애, 홍영완
편집장 최혜리
편집3팀 이소연, 강민우, 안형욱
편집 박효주, 홍은비, 김혜원, 최서영, 송현근
윌북주니어 도건홍, 한수정, 이은일
디자인 박정원, 김주연, 기조숙, 윤소정, 박소현
홍보마케팅 백지혜, 김태윤, 김준영, 박영채
콘텐츠 양혜영, 이태은, 조유진
해외기획 정수림
경영지원 박소현
펴낸곳 (주)윌북 출판등록 제 2006-000017호
주소 서울특별시 마포구 동교로19길 28
홈페이지 willbookspub.com 전화 02-323-3777 팩스 02-323-3778
블로그 blog.naver.com/willbooks 트위터 @onwillbooks 인스타그램 @willbooks_pub
ISBN 979-11-5581-869-5 (03320)

책값은 뒤표지에 있습니다.
잘못 만들어진 책은 구매하신 서점에서 바꿔드립니다.
이 책의 내용은 저작권자의 허락 없이 AI 트레이닝에 사용할 수 없습니다.